中国自信大家谈

中国纪检监察报新时代周刊 编

人民出版社

目　录

第四章　文化自信

第五章　讲好中国故事

第一章
道路自信

中国特色社会主义道路来之不易

——访中共中央党校原副校长李君如

嘉宾简介

李君如，中共中央党校原副校长、中国浦东干部学院中国特色社会主义研究院院长。第十届全国政协委员，第十一届全国政协常委。2017年12月，荣获"影响中国"2017年度学者。

中国共产党自成立之日起，就始终坚持群众路线，始终扎根于人民大众之中。一切为了人民，一切依靠人民，带领中国人民走出一条中国特色社会主义道路，迎来了从站起来、富起来到强起来的历史性飞跃。

是什么让中国共产党永葆年轻？中国特色社会主义道路为什么越走越宽广？围绕这些问题，党史专家李君如进行了深入解读，为我们阐述中国特色社会主义道路的强大优势与中国共产党的独特魅力。

中国共产党解决了民族救亡和民族解放的问题，是近代以来中华民族复兴的真正的领导力量

记者：作为中央马克思主义理论研究和建设工程咨询委员、科学社会主义首席专家，您在您的著作《民族复兴和中国共产党——从站起来、富起来到强起来》一书的引言中提到了习近平总书记的党史观是大历史观、大党史观。请您谈谈党员干部应该如何用这种大历史观、大党史观来学习中国共产党这个百年大党的历史？

李君如：习近平总书记说过，历史、现实、未来是相通的。历史是过去的现实，现实是未来的历史。这种把历史、现实、未来打通的历史观、党史观，我把它称为大历史观、大党史观。

研究历史、研究党史，学者们一般都十分看重细节。比如研究一个历史事件，它是什么时候发生的？哪年、哪月、哪日，甚至于几点几分？在哪个地方？是哪个问题引起这一历史事件？历史人物在其中扮演了什么角色？这种研究方法是我们惯常使用的。绝不能否定这种科学态度、

科学方法。但如果过于拘泥于历史上的具体事件、具体人物及其对错，而不是从整体上去把握历史发展的规律和大势，就有可能得出一些片面性的结论，这就不能说是科学的。

我觉得搞研究的人，应该去研究细节，但是不能拘泥于或满足于细节，更要在细节研究的基础上把握事物发展的规律和大趋势。对于领导一个国家、领导一个地方、领导一个部门的党员领导干部来说，更不能仅仅满足于搞清楚那些历史事件及其是非对错，还要更进一步去研究历史事件前后发生的事情及其联系，这样才能真正把握历史。把握历史的目的，不是为历史而历史，是为了用历史的经验来指导今天、掌握未来。

所以，运用大历史观、大党史观，好处就是可以从规律上来把握历史，把过去、现在、未来打通。那么，党员干部怎么样去学习、把握中国共产党的历史？中国共产党成立近百年了，我们可以把近百年的历史放到 1840 年鸦片战争以来的中国近代史上去把握，也可以放到中华民族 5000 多年文明发展历史中去把握。这种把握，和对近百年党史的具体事件的把握是相联系的，但是会更宏观。比如把近百年党的历史放到中华民族伟大复兴的历史背景中去把握，我们就会注意到 1840 年鸦片战争以来，中华民族备受欺凌，由此一批仁人志士开始了救国救民的探索。

从林则徐、魏源到洪秀全，从康有为、梁启超到孙中山，他们为民族复兴而奋斗，应该讲是可歌可泣的。但是他们都没有能够取得成功。然而中国共产党成立以后，仅用了28年时间，就推翻了帝国主义、封建主义、官僚资本主义，中国人民站起来了，中华民族站起来了。所以从小的方面去把握，我们在探索的过程中有过成就，也有过曲折；但是从大的方面讲，中国共产党解决了民族救亡和民族解放的问题，是近代以来中华民族复兴的真正的领导力量。

同样的，我们现在研究中国改革开放40年的历史，我们可以把它放到新中国成立以来的历史中去把握，也可以放到鸦片战争以来的近代史中去把握，因为放到大的历史背景中，我们看问题会更全面、更深刻、更透彻，可以从那些小的是非中跳出来，可以看到我们党是顺应历史发展趋势前进的。所以我是非常赞成用大历史观、大党史观去研究和学习我们的党史，来建立起我们对中国特色社会主义的自信，筑牢我们的理想信念。

站起来的中国人民怎么富起来、强起来？
最根本的，就是要坚持中国特色社会主义道路

记者：实现中华民族伟大复兴中国梦，是近代以来中

国人民的理想和追求。习近平总书记指出：实现中国梦必须走中国道路。为什么说中国特色社会主义道路是实现中国梦唯一正确的道路？

李君如：中国梦是鸦片战争以来中国人一直追寻的梦想。近代以来，中华民族面临两大历史任务，一个是求得民族独立和人民解放，另一个是求得国家繁荣富强和人民共同富裕。谁能够带领人民完成这两项历史任务，谁就能够赢得广大人民群众的支持和信任；哪一条道路能够让我们实现这一梦想，哪一条道路就能够成为中国人民共同遵循的道路。所以道路的正确与否，取决于它能不能够解决鸦片战争以来中华民族所面临的两大历史任务。

中国共产党在自己的奋斗实践中，十分重视从中国实际出发，来找到一条正确的道路。也就是说，我们党始终坚持实事求是的思想路线。什么叫实事求是呢？毛泽东在《改造我们的学习》中，对实事求是作了一个解释：实事就是客观存在着的一切事物，是就是客观事物的内部联系，即规律性，求就是我们去研究。实事求是，这是我们党在延安时期确立的马克思主义的最根本的立场、观点和方法。到了改革开放时期，邓小平再次强调，实事求是是马克思主义的精髓。

实事求是的思想路线里面有三个基本环节。第一个环节是一切从实际出发，坚持唯物主义的态度。第二个环节

7

就是要研究事物内部的规律性。彻底的唯物主义不仅仅要承认事物的客观性，还要揭示事物的规律性。我们认识规律、揭示规律不是为规律而规律，更为重要的是把它作为行动的向导，因此，第三个环节就是把规律性认识作为我们行动的向导。我们的道路，不是哪一个人拍脑袋拍出来的，也不是哪个专家学者在书斋里面研究出来的，而是从中国实际出发，根据规律性的认识来确定的。比如在新民主主义革命时期，先搞清楚我们的社会是半殖民地半封建社会，要解决的主要矛盾是中华民族和帝国主义的矛盾、人民大众和封建主义的矛盾。毛泽东说，这就决定了我们的任务是反对帝国主义、封建主义。怎么反对帝国主义、封建主义？就要组成最广泛的统一战线，领导人民通过武装斗争同帝国主义、封建主义作殊死的斗争。这就需要我们从中国的实际出发来确定一条新民主主义革命的总路线。这就是无产阶级领导的，人民大众的，反对帝国主义、封建主义和官僚资本主义的路线。考虑到中国当时的社会阶层大部分都是农民，帝国主义封建主义统治的薄弱环节在农村，要领导革命取得胜利就要到农村去，建立农村革命根据地。这样，我们最终找到了一条农村包围城市，最后夺取全国胜利的道路。这就是我们从中国的基本国情出发，从中国社会内部的规律性来找到的革命道路。

完成了这个任务，中国人从此站起来了。接下来，我们要进一步解决一个问题，即我们的国家怎么富强起来，人民怎么富裕起来？这就要求马克思主义和中国实际进行第二次结合。我们先是通过社会主义改造，把新民主主义社会转变到社会主义社会。但是，由于中国经济落后，建立起来的社会主义还不是马克思恩格斯所讲的社会主义，而是一个不发达的社会主义社会。邓小平给它取了一个名字，叫"社会主义初级阶段"。今天我们讲从实际出发，就是要从"社会主义初级阶段"这一实际出发。

在对社会主义初级阶段这一基本国情研究的过程中，党的十一届三中全会作出把党和国家工作重心转移到经济建设上来、实行改革开放的历史性决策；同时，还要坚持社会主义方向，坚持四项基本原则。这样以"一个中心、两个基本点"为主要内容的社会主义发展道路，就叫"中国特色社会主义道路"。站起来的中国人民怎么富起来、强起来？最根本的是要坚持中国特色社会主义道路。

今天，我们在坚持和发展中国特色社会主义进程中，已经到了实现中华民族伟大复兴中国梦的一个关键阶段。或者说，实现中国梦离我们越来越近了。这个时候，我们更要清醒地认识到，我们能够找到这条道路是来之不易的，这条道路是能够帮助我们实现国家富强、民族振兴、人民幸福的唯一正确的道路。因为，这是我们从实际出发揭示现阶段中国社会发展的规律获得的正确认识，是我们把这一规律性认识作为我们行动向导过程中找到的正确道路。

中国共产党员既是伟大的共产主义者，又是伟大的爱国主义者

记者：根据最新发布的 2018 年中国共产党党内统计公报，截至 2018 年 12 月 31 日，中国共产党党员总数为 9059.4 万名。从 1921 年中国共产党成立时的 50 多名党员，到 1949 年新中国成立时的 448.8 万名党员，再到 2018 年底的 9059.4 万名党员。您怎么看待这些数据？

李君如：党员数量持续稳步增长，充分说明了我们党的先进性，也充分说明了我们党是真正得到群众拥护的。在这次公布的数据里面，还有一个数据更值得重视。这就是我们现在的 9000 多万名党员中 80 后、90 后占比达到三分之一。这个数字很重要，比如说我们老一辈革命家，他们当年抱着救国救民的理想寻找马克思主义，创建我们党，无私奉献，英勇奋斗，可歌可泣！现在 80 后、90 后占三分之一，意味着改革开放以来，中国共产党领导人民

从站起来、富起来再往强起来的方向走，得到了年轻人的拥护，也使年轻人感到只有共产党才能够领导中华民族走向复兴，才能给每一个年轻人美好的未来！其实我们这几年发展党员，在数量上是有控制的，由于要求入党的人很多，我们有意识地控制了发展党员的数量，也提高了积极分子入党的门槛。尽管如此，广大有志青年还是积极要求加入共产党，愿意接受党组织的培养、监督和党性锤炼。所以，80 后、90 后占 30％多，这个数字值得我们重视。所以，党的数量结构的变化从一个侧面告诉了我们，党不断补充新鲜血液，所以能够保持年轻有活力的状态。

事实上，我们党是有很强烈的忧患意识的。历史经验告诉我们，一个政党过去先进不等于现在先进，现在先进不等于将来永远先进；过去拥有不等于现在拥有，现在拥有不等于将来永远拥有。这就是我们的一种忧患意识。因为有这种意识，所以我们不断加强自身建设，不断完善自己。

记者：在中国共产党近百年的奋斗历程中，不仅党员人数持续不断增长，而且党的吸引力、凝聚力、战斗力也在不断增强。您如何看待这其中的原因？

李君如：中国共产党是中国工人阶级的先锋队，同时也是中国人民和中华民族的先锋队。这一性质，表明中国共产党不仅代表了中国工人阶级的利益，而且代表了全体中国人民和整个中华民族的根本利益。中国共产党员既是伟大的共产主义者，又是伟大的爱国主义者。它的根深深扎在人民大众之中，扎在中华民族这片广阔土地之中。它的初心和使命就是为中国人民谋幸福、为中华民族谋复兴。

毛泽东在《论新阶段》中提到共产党员的时候，用了一个很有意思的表述："成为伟大中华民族的一部分而和这个民族血肉相联的共产党员"。这表明中国共产党员首先是中国人民的一员，是中华民族的一员，而且是人民中的先进分子，是民族的精英。今天，我们在发展党员的时候，为什么要让入党积极分子上党课？就是要让他们认识到我们党是什么样的党。我们要保持党的先进性纯洁性，就是要始终坚持党的性质不变，坚持党的初心和使命不变。

我们的党章明确规定，中国共产党除了工人阶级和最广大人民的利益，没有自己的特殊利益。也就是说，中国共产党是没有自己的特殊利益的。我们做任何工作都是为了人民，包括能够为人民坚持真理、修正错误。这是我们能够始终保持党的生机活力的根本原因。

此外，中国共产党始终坚持具有中国共产党人特色的立场、观点、方法，就是实事求是、群众路线、独立自主。坚持实事求是，就能够做到重大决策都从实际情况出发，按照规律办事；坚持群众路线，就能够相信群众、依靠群众、尊重群众首创精神，从群众中来、到群众中去，始终坚持全心全意为人民服务；坚持独立自主，就能够在任何时候把做好工作的立足点放在自己的基点上，不迷信别人，不做别人的附庸。

再者，中国共产党在领导革命、建设和改革的进程中，特别是在历史性转折的时候，能够始终保持清醒的头脑。当然，要做到这一点并不容易，但我们十分自觉。在党的七届二中全会上，毛泽东说我们是进京赶考，要求全党在夺取全国政权后要经受住执政的考验，务必继续保持谦虚、谨慎、不骄、不躁的作风，务必继续保持艰苦奋斗的作风。我们很清醒地意识到，夺取政权对我们来讲是革命的伟大胜利，但同时也是我们党面临的巨大考验。所以我们把党建作为法宝，不断加强自身建设。

党的十八大以来，以习近平同志为核心的党中央坚定推进全面从严治党，坚持思想建党和制度治党同向发力，集中整饬党风，严厉惩治腐败，净化党内政治生态，同时明确指出我们现在面临着"四大考验"和"四种危险"。要通过自我净化、自我完善、自我革新、自我提高，来保持党的先进性纯洁性。所以，我们能够走到今天很不容易，继续往前走更不容易。但我们有信心，也有能力，在自我革命中使我们党始终是充满生机活力的马克思主义执政党。

（记者：王雅婧；来源:《中国纪检监察报》
2019 年 8 月 26 日）

在国际比较中读懂中国道路

——访复旦大学中国研究院院长张维为

嘉宾简介

张维为，复旦大学特聘教授、复旦大学中国研究院院长、国家高端智库理事会理事，曾任日内瓦外交与国际关系学院教授、日内瓦大学亚洲研究中心高级研究员。

他担任过邓小平和其他中国领导人的英文翻译，以中英文发表过大量关于中国改革和发展模式的文章，著有《文明型国家》和"思考中国三部曲"系列（《中国触动》《中国震撼》《中国超越》）等。2019 年 1 月，大型思想政论节目《这就是中国》播出，目前已播出了 26 集。张维为作为主讲人以答疑解惑、讨论辩论等形式，向观众展现了中国制度、中国理论、中国道路、口国文化的优势和先进性。

大变革时代是一个需要思想和话语的时代

记者：东方卫视今年播出的思想政论节目《这就是中国》，以"演讲＋问答"的方式答疑解惑，受到广大观众的认可和喜爱。您作为主讲人，录制这个节目的初衷是什么？节目如此受欢迎，您觉得成功之处在哪儿？

张维为：我们正处在百年未有之大变局的时代。这个节目的初步成功，印证了我们的判断——大变革的时代是一个需要思想和话语的时代，也是一个能够产生思想和话语的时代。

大变革时代，大家关心的问题、思考的问题自然更多，我们应该回应这些关切和思考，努力向公众提供好的思想和话语产品。

这些年来，我们坚持把中国道路研究和中国话语研究做实、做透，做到经得起国际比较。我们把解构西方话语、建构中国话语作为重中之重的工作来做，并取得了不少突破。这使我们做这个节目有底气，很自信。

我们主张中国话语的建设应该成为一个生机勃勃的事业。在这个节目中，我们坚持了一条：真实的观众，真实的问题,不回避任何尖锐的问题。应该说,这个节目基本做到了多数观众愿意看、有感觉、能共鸣。

我感到特别高兴的是,这个节目赢得了中国广大年轻受众的欢迎,在年轻人特别关注的 B 站(哔哩哔哩视频弹幕网站)上的评分是 9.7。从大数据可以看到,以 90 后为代表的中国年轻一代非常爱国,非常爱思考。年轻一代是国家的未来,我们应该为他们提供高质量的、有温度的精神产品。

记者:您在演讲中以翔实的数据、鲜活的案例告诉我们"中国正在崛起,中国人要自信"。但我们深知,中华民族在实现伟大复兴的征程中会面临各种风险挑战,我们应该怎样坚定自信?

张维为:中国人看问题是辩证的,"危"也是"机",中国崛起的过程不就是一个不断战胜各种危机和挑战的过程吗?

比方说,十来年前,春运还是我们最头疼的问题之一:一个月时间里,数十亿人次上路,给我们的交通运输带来了巨大的压力和挑战。但随着高铁"八纵八横"的建设,随着"一部手机,全部搞定",出行变得如此方便。现在春运已经成了展示中国作为"文明型国家"的一张亮丽名片:一个月的时间内 30 多亿人次上路、百姓对家的挂念，中国人浓浓的家国情怀、世界一流的基础设施，等等。

有了过去 70 年取得的成就和经验，有了我们自己探索出来的中国特色社会主义道路，我们没有克服不了的困难，我们的前景只会越来越好。

很长一段时间以来，西方主流政治学者、主流媒体人、主流智库的指导思想还是"西方中心论"，还是"历史终结论"。只要中国的做法和西方的做法不一样，中国就是不对的，中国就要走衰，中国就要崩溃。然而，"两岸猿声啼不住，轻舟已过万重山"。在中国共产党的领导下中国迅速而全面地崛起，中国人民生活水平跨越式提高，中国加快了迈向世界政治和经济舞台中央的步伐。坦率地说，这是一个超亮丽的成绩单，世界上其他国家、其他政党拿不出来。

用国际视野看待"文明型国家"的崛起

记者：您提出"文明型国家"概念，并将中国定义为"文明型国家"，您认为"文明型国家"有哪些特征？

张维为：如何从整体上把握中国一直是我思考的问题，"文明型国家"的叙述可以较好地做到这一点。"文明型国家"指的是一个延绵不断长达数千年的古老文明,与一个超大型现代国家几乎完全重合的国家,即中国。

如果历史上的古埃及文明、古两河流域文明、古印度文明都能够延续至今,并实现现代国家的转型,那么它们今天也可能是"文明型国家",但这种机会已经不复存在。如果当初古罗马帝国没有四分五裂,并能通过现代国家的转型,那么欧洲也可能是一个相当规模的"文明型国家",但这只能是一种假设。如果今天数十个国家组成的伊斯兰世界,能完成传统与现代的结合,并整合成一个统一的国家而崛起,那么也可能是一个十亿人口规模的"文明型国家",但今天看来这也是无法实现的愿景。

"文明型国家"的最大特征是"四'超'":超大型的人口规模,超广阔的疆域国土,超悠久的历史传承,超丰富的文化积淀。这是一种不同性质的国家,其发展有自己的规律,其治理方法也只能是独特的。

我一直说,中国模式的主要特点,如实践理性、民本主义、渐进改革、混合经济等,都有中华文明的渊源,特别是人口、地域、传统、文化这四个"超级因素"大致规范了中国道路的独特性,规范了中国改革开放的路径依赖,规范了中国模式的所有特点。

记者:您有一个观点"一出国,就爱国",引起留学生和海外华人的共鸣。作为走访过 100 多个国家和地区的学者，您认为应该如何在国际视野中解读中国崛起、中国道路和中国模式？

张维为：我觉得，研究中国道路和中国崛起，放在国际比较中能看得更为清楚。我们可以把世界上的国家分成三大类，第一类是发展中国家，第二类是转型经济国家，第三类是西方国家，然后进行比较。

与发达国家相比，发展中国家最大的挑战是消除贫困。过去 40 年，按照联合国的统计，世界上 80% 左右的贫困是在中国消除的。与转型经济国家比较，我们取得的成绩超过这些国家成绩的总和。与西方国家比较，实际上有不少地方我们走在他们的前面了。我们可以把中国成功背后的中国道路和中国模式也提炼出来进行比较，比方说，中国道路下的规划能力、执行能力、改革能力等都比西方体制强，这可以解释为什么我们做得比较好。

我不是说我们各个方面都很好，我们还有很多问题，但是今天的中国确实已经没有必要仰视西方了。我们应该平视西方，当然也没有必要俯视人家。我们一些地方不如人家，但确实在很多地方做得比人家好了，甚至好很多。这给我们带来了自信。

记者：我们现在经常讲，办好中国的事情，关键在党。结合现在党内开展的"不忘初心、牢记使命"主题教育，如何深化理解"中国共产党为什么能"？

张维为： 与西方的"部分利益党"截然不同，中国共产党是一个"整体利益党"，背后是中国源远流长的政治传统。历史上我们的传统就是统一的执政集团，我觉得这种政治文化传统决定了，如果中国的执政党也像西方政党那样只代表部分人的利益的话，这个政党将被人民抛弃。这是我从文明型国家的角度，对中国共产党的历史传承，对这种历史传统基因的一个解释。

中国共产党的决策机制，包括广泛的协商民主和"新型的民主集中制"，从群众中来、到群众中去。这样一种决策机制，能够比较好地统筹不同利益团体的诉求，实现人民整体和长远利益的最大化。

今天的中国已经形成一种"谋定而后动"的共识，我们看到的一个接一个五年规划的顺利制定和执行，就是很经典的案例。从国际实践的比较来看，中国决策机制的质量总体上高于西方。西方人经常感叹说，我们的公司都有规划，短期的、中期的、长期的，但国家几乎都没有这样的规划。

我觉得英文中有个表述非常好，叫做"the institution"，就是最重要的制度安排。把党建设好，是我们事业成功的关键所在，否则中国可能又会回到一盘散沙、四分五裂的境地。面对前所未有的各种挑战和任务，我们一定要坚持"党要管党"，在这个过程中解决党自身存在的许多问题，要实现干部的清正、政府的清廉、政治的清明，确保党成为我们事业发展的坚强领导核心。

中国崛起需要建构中国话语

记者：您的著作"思考中国三部曲"系列（《中国触动》《中国震撼》《中国超越》），被认为是与西方话语交锋、建构中国话语的独特尝试，并且您很早就在呼吁"讲好中国故事"。这些是出于什么考虑？

张维为：中国崛起一定要有自己话语的崛起，否则你做对的事情也会被解释成做错了。中国话语的崛起需要原创性理论研究和话语研究的突破，这包括从源头解构西方话语，建构中国话语。

官方话语很重要，可以说是中国道路的定海神针。但目前西方话语仍在国际上暂时处于强势地位，在这种情况下，在中国社会日益开放和新媒体迅速发展的形势下，我们仅有官方话语是远远不够的。

学术的、民间的、国际化的中国话语建设必须齐头并进。总体上看，学术话语比较中性，有利于我们与外部世界沟通，也有利于我们从源头上解构西方话语，建构中国话语；民间话语比较接地气，有利于我们解决话语脱离群众，包括"党八股"和"洋八股"等问题；国际化的话语也很重要，我们要以外部世界能够听懂的话语和外部世界打交道。

在一个更大的范围内，我们要通过原创性的中国话语建构，从根本上动摇西方话语对中国的主流叙述。我们要打好学术话语、大众话语、国际话语的组合拳，《这就是中国》就是这样做的，从效果来看是好的。

记者：我们应该怎样建构中国话语，让世界更好地读懂中国的政治制度？

张维为：现在我们看到国际竞争日益激烈，我认为政治制度竞争无疑是一个关键。在这个竞争中，我觉得我们可以提炼出三条标准，这也可以说是用一种中国话语，来进行跨党派、跨国家的比较。

第一，这个国家有没有一个能够代表人民整体利益的政治力量或者政党。如果有的话，这个国家可能就有更大的竞争力，胜出的可能就比较大；如果没有，走衰的可能就比较大。坦率地说中国是有的，就是中国共产党。

第二，是看一个国家是否有足够的改革能力。中国需要改革，西方国家也需要改革。但现在看来，好象只有中国能够真正地推动改革，为什么？因为改革是要破除既得利益的，而破除既得利益需要有能够代表人民整体利益的政治力量来推动，否则改革很难进行。

第三，就是看一个国家的决策力和执行力。中国共产党采用的是协商民主和民主集中制的方法来进行决策，所以它的决策力、决策质量总体上明显高于西方国家的小圈子决策、游说集团决策和民粹主义决策的模式。我们决策的执行力应该说也是世界一流的。

这三条标准我觉得可以构成一种中国话语、中国标准。我们可以用它来衡量评判世界各国的政党制度和政治制度，这同样有利于我们更好地坚定"四个自信"。

（记者：姜永斌、徐炳文；来源:《中国纪检监察报》2019 年 7 月 22 日）

实事求是　破除"西方模式迷恋"

改革开放 40 多年来，中国正以奇迹般的速度迅速崛起。960 万平方公里的广袤土地浸透了中华优秀传统文化的深厚养分，承载了中国特色社会主义的巨大成就。当前，中国正以建设性的姿态与世界对话，而世界也希望了解一个真实、立体、全面的中国。

习近平总书记强调："我们有本事做好中国的事情，还没有本事讲好中国的故事？我们应该有这个信心！"中国故事怎么讲？在大型思想政论节目《这就是中国》中，复旦大学特聘教授、复旦大学中国研究院院长张维为通过演讲的方式为观众答疑释惑，解读中国崛起，破除"西方模式迷恋"，展现中国自信。本期栏目将与读者一起进入张维为的"攻辩现场"，体验一场别开生面的观点交锋。

西方话语：西方式的自由民主代表了人类历史的最高

阶段，历史发展到西方政治制度已经是个终结，在此之后再无更好的制度。在这个意义上，历史终结了。

张维为：中国的哲学观认为社会发展从来都是多元复合的，各种发展模式从来都是百花竞放的，他们可以互相竞争，也可以互相借鉴，甚至你追我赶，超越对方。

"历史终结论"的哲学观是社会单线演化的哲学观，它把世界看成是一个简单地由落后向先进的单向度演变的进程，而西方模式又被认为是代表了人类最先进的成就；而中国的哲学观则认为社会发展从来都是多元复合的，各种发展模式从来都是百花竞放的，他们可以互相竞争，也可以互相借鉴，甚至你追我赶，超越对方，整个人类历史就是这样一路演变和发展过来的，只要人类存在，这种不断变化的动态历史进程便不会终结。

西方话语：西方文明是优越的，整个世界都要朝着西方模式走。

张维为：我们尊重西方，但绝不迷信西方。中国人对世界的研究表明，照搬西方模式的非西方国家大都以失望、失败乃至绝望而告终。

在现代化的进程中，中国从西方借鉴了很多有益的经验，推动了自己全方位的进步，但中国在借鉴西方经验的时候，以我为主，决不盲从，借鉴是有选择的借鉴，绝不照搬。

中国以西方不认可的模式迅速崛起了，我们大踏步地迈向世界经济和政治舞台的中央。今天的我们可以比过去任何时候都更加自信、更加客观也更加实事求是地来看待这一切，来审视所谓的西方中心论，指出它的问题所在和它的不实之处。西方之所以对中国产生如此多的误判，除了有意识形态的偏见之外，还有西方哲学社会科学本身存在的许多深层次缺陷。中国已经崛起到今天这个程度，我们完全可以以中国人的眼光和话语来观察和评述自己的国家及外部世界，而无需用西方学者的话语作为佐证。中国学者甚至可以通过自己原创性的研究，提出能够影响中国和世界的观点和理论。

我们尊重西方，但绝不迷信西方，绝不迷信西方的智库，绝不迷信西方创立的各种指标体系。我们坚持实事求是，坚持原创性的研究，决不人云亦云，西方的东西只能是参考，永远只能是参考。

西方话语：中国没有多党竞争选举，就没有政权的合法性。

张维为：中国的执政党不是代表不同利益集团相互竞争的西方政党，而是一个"整体利益党"。

中国超大型的人口规模、超广阔的疆域国土、超悠久的历史传统、超深厚的文化积淀，意味着中国政治形态也是独特的，因为治理这样的"文明型国家"只能以自己的理念和方法为主。在漫长的历史中，中国人也形成了自己独特的政治文化观。中国人目光比较远大，思维方式更注重整体效果。中国人历来把国家长治久安、国运昌盛放在一个极为突出的地位。

中国今天的政党也不是西方意义上的政党。西方的政党理论就是一个社会是由不同的利益团体组成的，每个利益团体要有自己的代表，也就是一部分利益的代表。所以西方政党是公开的部分利益党，然后不同利益党通过竞选，搞票决制，你得51%的选票，我得49%的选票，你就赢了，我就输了。理论上，一个多元的社会，在遵守法治的前提下，通过票决制，先是分，然后走向合。如果有争议，最高法院裁决，大家一定要同意的，这是西方制度基本运作的方法。

中国的执政党不是代表不同利益集团相互竞争的西方政党，而是一个"整体利益党"，是代表全体人民利益的党。"文明型国家"的最大特点是"百国之和"，也就是说，在自己漫长的历史中，成百上千个国家慢慢整合起来，这样的国家自然有自己独特的政治传统。治理这样一个"百国之和"的国家，历史上我们的传统就是统一的执政集团。这种国家如果采用西方多党竞争制度，极易陷入党争而四分五裂。辛亥革命时期中国建立了三权分立的宪政制度，但是整个国家迅速四分五裂，天下大乱，这个深刻的历史教训我们必须永远记取。也正是在这个意义上，对于中国来说，改旗易帜是一条邪路。

西方话语：中国对外的经济合作或者援助是一种经济侵略和输出债务陷阱。

张维为：反驳西方的说辞，一个很有力的方法，就是看第三世界国家领导人，特别是参与"一带一路"项目的国家领导人的讲话。

BBC 采访博茨瓦纳总统，那位总统讲得蛮感人。他很坦率地讲，中国给予他的一种尊严，是他在西方感受不到的。这是一种平等感。我们的援助项目，会跟他们商量具体的做法，不附加政治条件。

西方话语：中国没有民主或不敢谈民主。

张维为：在实质民主方面，中国做得更好，好很多。

民主可以分为程序民主和实质民主。程序民主比较容易理解，中美两国都有改进空间。实质民主指的是民主所要实现的目标，它应该是良政善治，是解决人民最关切的问题，是提高人民的福祉和尊严。如果比较中美两国的民主制度，我可以说，在实质民主方面，中国做得更好，好很多。

我们可以比较一下中美两国的实质民主，中国的人民代表大会讨论的事情就是老百姓真正关心的事情。在今天这个信息技术和大数据时代，要了解老百姓关心什么问题并不困难，中国通过大量调查研究，包括许多民调，来了解民众最关心的问题，然后人大就讨论这些问题，寻找解决问题的办法。过去十年里，中国的人大密集讨论过"三农"问题、义务教育问题、医疗改革问题、养老问题、环境问题，等等。这都是民众真正关心的问题，然后提出各种对策，这就叫实质民主，美国能做到吗？都21世纪了，美国国会讨论的议题大都还是通过利益集团和游说组织来设置的。中国这些年进步快，美国退步也快，与实质民主的质量有关。你可以看一看2013年皮尤中心所做的民调，85%的中国人对国家的发展方向表示满意，美国是31%，英国是25%，我想它反映出来的就是实质民主质量上的差别。

淮南的橘树，移植到淮河以北就变为枳树，两者果实形状相似却味道不同，这取决于土的品质。而建设中国民主制度的"土壤"，就是政治结构、经济结构、社会结构，不盲从西方式民主走中国道路，基于中国国情的"民主之花"才能璀璨绽放。

西方话语：中国崛起后可能会成为下一个世界霸主。

张维为：有别于西方崛起的"血与火"式殖民掠夺，中国崛起的最大特点是和平。中国觉得完全可以合作共赢，或者叫双赢、多赢。

中国是个五千年文明的国家，在历史上多数的时间内，中国是领先西方的。15 世纪上半叶，明朝郑和下西洋的时候，比哥伦布发现美洲大陆要早 80 多年，他那个主力舰的排水量要比哥伦布的大 100 倍，这是工业能力，我们远远领先。在那个时候我们也没有像西方那样搞殖民，搞侵略，所以中国的文化基因是不一样的，中国人真是一种崇尚和平的文化。这个问题，美国人的逻辑就是你赢我输，或者我赢你输。中国觉得完全可以合作共赢，或者叫双赢、多赢。

有别于西方崛起的"血与火"式殖民掠夺，中国崛起的最大特点是和平，也因此更为不易。我们都懂得"第一桶金"的概念。现代化始于工业化，工业化就需要第一桶金、第一笔财富、资本积累、原始资本。西方国家无疑是通过血液、战争、殖民来获得，只有中国没有对外发动侵略战争，没有掠夺别人，没有去倾销自己的产品，而是靠自己的勤劳、智慧、勇气，甚至牺牲，实现了人类历史上罕见的一个超大规模国家的和平的崛起，应该说是一个非同寻常的奇迹。

中国为什么能够在这样的条件下实现和平崛起呢？我想跟大家简单探讨一下这其中的几个原因。首先是中国今天的制度优势。新中国前三十年社会主义建设所奠定的基础，包括政治制度的确立，这些为中国和平崛起创造了必要的初始条件。第二个原因我觉得是时代定位。每到一个历史转折点，我们都要对自己所处的时代大势做一个总体判断。上世纪 80 年代初，我们本着实事求是的原则，将过去的时代判断从"战争与革命"调整到"和平与发展"。第三个原因是合作共赢。中国不以意识形态划线，走和平发展与合作共赢的道路，推动全方位的对外开放。第四点是内涵增长。中国通过内部改革，通过政治、经济、社会改革，不断地解放生产力，不断寻找解决各种难点和矛盾的方法。第五点，我觉得是跨越式发展。由于历史原因，中国错过了第一次工业革命，也错过了第二次工业革命。我们改革开放的 40 年，就是奋发"补课"的 40 年。第六点是安全保障。中国和平崛起的保障来自于我们强大的国防，来自于意识形态安全，来自于"总体安全观"。最后一点是中国人的文化基因等等。

（记者：王雅婧，见习记者：左翰嫡；来源：《中国纪检监察报》2019 年 7 月 29 日）

第二章

理论自信

中国共产党有清晰的历史与时代意识

——访华中科技大学国家治理研究院院长欧阳康

嘉宾简介

欧阳康，华中科技大学国家治理研究院院长、哲学研究所所长。代表作有《对话与反思：当代英美哲学、文化及其他》《马克思主义认识论研究》《中国道路——思想前提、价值意蕴与方法论反思》等。主讲教育部大学视频公开课"哲学导论"，参与马克思主义理论研究与建设工程，为教育部重大攻关项目"马克思主义与建设中华民族共有精神家园研究""推进国家治理体系和治理能力现代化若干重大理论问题研究"首席专家。

党的十八大以来，我国社会主义事业各个方面取得一

系列历史性成就、发生了历史性变革，中国特色社会主义
迈入了新时代。如何理解"历史性"这一概念，如何把握
新时代这一历史方位下中国特色社会主义发展的逻辑？围
绕这些问题，华中科技大学欧阳康教授进行了深入解读，
为我们阐述中国共产党的历史意识与时代意识。

对于新时代的定位，既是对历史的传承， 也是对历史的尊重，更是对历史的发展与拓展

记者：党的十九大报告指出："经过长期努力，中国
特色社会主义进入了新时代，这是我国发展新的历史方
位。"如何用马克思主义哲学的观点来理解新时代这一历
史方位？

欧阳康：党的十九大报告宣告中国特色社会主义进入
新时代，从根本上来讲，是以中国特色社会主义的经济、
政治、社会、文化、生态文明的时代性发展作为现实依据
得出的。中国共产党人能够做出这一重大判断，意味着中
国共产党人能够科学地运用马克思主义的辩证唯物主义和
历史唯物主义来观察中国社会的发展和世界历史的发展，
意味着中国共产党人达到了对于中国社会发展历史方位的
思想自觉和时代自觉。

那么，什么叫"历史方位"？历史方位指的是我们今天在社会发展历程中居于哪一个阶段。历史方位的判定，是历史经验和历史自觉的有机整合。新时代中国特色社会主义现代化建设与中华民族伟大复兴正处于快速发展的历史进程中。我们需要不断确定，我们从哪里来，我们走到哪里了，我们该走向何方……

重视历史方位彰显了中国共产党人清晰的历史意识。历史意识是人类对自己的历史、现实和未来发展的认识和理解。通过历史意识可以更加清晰地感觉到人类社会生活的时间特点。它是人类自觉探寻未来发展方向的一种积极表现。新时代是我们在过去发展的基础上迎来的。对于新时代的定位，既是对历史的传承，也是对历史的尊重，更是对历史的发展与拓展。人类文明进步的重要前提就是要不断汲取历史经验，把历史经验变成现实的和未来的财富。

此外，确定新时代的历史方位凸显了中国共产党人鲜明的时代意识，即对于中国和世界历史发展到今天所具有的丰富时代内涵的认识。

首先，从中华民族自身的角度来看，中华民族伟大复兴进入关键时期。经历了从站起来、富起来再到强起来的伟大飞跃，中华民族伟大复兴展现出极为光明的前景。其次，从国际共产主义运动来看，中国道路彰显出科学社会主义的生机与活力。社会主义在 20 世纪最后十年经历苏联、东欧社会主义失败与曲折。从那以来，尽管有了"历史终结论""文明冲突论"等宣布社会主义的终结，但是经过了近 20 年的发展，中国特色社会主义可以说一枝独秀，科学社会主义在 21 世纪的中国焕发出强大生机与活力。再次，中国道路展示出特殊的世界意义。进入新时代以来，中国特色社会主义道路、理论、制度和文化全面发展，绽放出灿烂的光彩，这不仅解决了中国自身的问题，也为那些既想快速发展又希望保持自身独立的国家提供了借鉴，为解决人类问题贡献了中国智慧和中国方案。

记者：党的十九大报告提出了"历史性变革""历史性成就"等重要词汇，我们该如何理解"历史性"这个概念？

欧阳康：用"历史性"这个概念来描述新时代是非常恰当的。首先，它表明了一种尊重历史的科学态度。尊重历史是马克思主义哲学的基本要求，也是一个政党在思想上、理论上成熟的重要条件和重要标志。

中国共产党人讲实事求是，这个"实事"首先是历史的事实。我们 70 年的巨大成就和巨大变革，是中国共产党领导中国人民通过 70 年艰苦奋斗取得的，是在历史进程中形成的。离开了"历史性"，我们就没有资格来谈变革与成就。

其次，它坚持了一种历史比较的科学方法。怎么样才能令人信服地说明我们的变革所具有的意义？答案就是要放到过去到现在的历史进程中，放到世界整个发展局面中进行一个量化比较。

此外，它体现了对社会发展的意义与价值的判断。因为我们的成就与变革，不仅是对过去的，也是对未来的。它为中国的未来发展奠定了更加丰厚的经济基础。比如我们的 GDP 在过去几十年来快速增长，不仅改变了中国国内的经济状况，极大地提高了最广大人民群众的物质文化生活的水平，也提升了中国社会未来发展的动力，提升了中国在国际事务中的实力地位。

记者：您能否从"四个自信"的角度谈谈我们能够取得这样历史性成就的原因？

欧阳康："四个自信"是建立在中国特色社会主义的历史性发展基础之上的，是历史性成就的内在组成部分。

道路自信是建立在中国特色社会主义的历史性发展基础之上的。70 年来中国社会发展的重要历史性成就是由传统社会主义自觉转变和成功探索为中国特色社会主义并且开拓了现代化道路。

这条道路包含三个重要要素，一是现代化的道路，从西方的现代化到中国特色的现代化；二是社会主义的道路，既坚持了马克思主义和社会主义的基本原则，又从传统社会主义到中国特色社会主义；三是中华民族的道路，扎根于中华民族数千年文明土壤。中国共产党人最大的成就是把这三个方面的核心要素在中国大地上成功整合了起来，既有历史传承又有时代创造，既有国际借鉴也有中国特色，既有实践探索也有理论创新，展示出独特的道路优势。

理论自信来源于探索中国道路进程中所获得的重要理论成果。中国道路之所以能够展现出它的力量，根本上是由于我们有一个好的指导思想，这个指导思想有三个重要的来源，首先是马克思主义科学理论的中国化，其次是西方文化与思想中的先进部分，最后是中国优秀传统思想文化的创造性转化和创新性发展。

制度自信来自于中国共产党作为执政党 70 年治国理政的成功经验，也是对于中国国家治理体系的高度自觉与自信。

新中国成立之初，我们建立了人民代表大会制度这个根本制度，同时建立了中国共产党领导的多党合作和政治协商制度和民族区域自治制度等基本制度。70 年来我们一直保持着根本制度和基本制度的稳定性，坚持立国之本，但并没有陷入保守与僵化，1978 年以来我们根据中国社会的发展需要，通过改革开放不断加强和改进我们的具体制度，进一步健全和完善我们的各种经济政治社会文化生态运行体制机制。

文化自信是在当代中华文化建设的伟大进程中得以树立和彰显的，也是当代中国和中华民族发展中更基本、更深沉、更持久的力量。中国共产党历来重视文化建设，党的十八大以来更是将其提升到前所未有的思想高度。

为什么我们的文化有优越性呢？因为中国优秀文化是历史上最为悠久，而且是唯一没有中断的。现在我们通过创造性转化和创新性发展，让它时代化，获得新的时代的内容，服务于当代世界，当代中国。其次，我们促进马克思主义中国化，把马克思主义融入到当代中华文化、当代中国实践中进行新的文化创造。也就是说，中国特色社会主义文化，既源自于中华优秀传统文化，又融入于党领导人民在革命、建设和改革中创造的革命文化和社会主义先进文化，同时还植根于中国特色社会主义伟大实践。

中国共产党人面向未来，自觉运用历史意识、时代意识和未来意识来部署中国社会未来发展

记者：从全面建成小康社会到基本实现现代化，再到全面建成社会主义现代化强国，是新时代中国特色社会主

义发展的战略安排。这一战略安排背后有着怎样的内在发展规律或者发展逻辑？

欧阳康：我觉得这一战略安排的背后，至少蕴含着以下四个规律。一是人类文明发展的规律，我们要确保行进在人类文明发展的现代化全球化发展大道上。二是社会主义发展规律，我们要在新时代继续开拓中国特色社会主义发展道路。三是中华民族伟大复兴的规律，我们要推进中国人民的自由解放和民族复兴的共同发展道路。四是中国共产党的执政规律，要真正做到依法治国、科学执政、服务人民等的有机统一。

这样一个战略安排，有几个非常突出的特点，第一点是传承与创新的有机结合。一方面是一张蓝图绘到底，另一方面又在改革开放中不断开拓前进直到全面深化改革。所谓一张蓝图绘到底，首先是党的第一代领导集体在新中国成立之初就已经绘制出新中国发展蓝图，很多东西今天仍然很有意义。但是这个过程中，我们又在不断探索和创新，比如说改革初期，邓小平同志曾经提出"三步走"。首先是解决温饱，然后小康，然后来搞现代化，应该说这样一个"三步走"的前两步的目标，经过40年的努力，我们提前达到了。

第二点是人类文明与中国特色的有机结合。在新中国成立以来的70年历程中，我们与世界的关系，经历了三个阶段，第一个阶段还是学习西方，跟在他们后边儿走。第二个阶段是同行，我们尽可能地向西方发达国家学习先进科学技术、管理、教育，等等，努力缩短与他们的距离，甚至跟他们同步进行。而第三个阶段是创新引领，现在能够学习的都已经学到了，学不到的他们也不给我们，所以我们需要自己的东西，用中国智慧为人类作出更大贡献。

第三点是阶段性发展与总体性目标的内在衔接。党的十九大报告首次提出了关于未来 30 年的战略谋划，把未来 30 年分为两个阶段。这表明了中国共产党人面向未来，自觉运用历史意识、时代意识和未来意识来部署中国社会未来发展。

第四点是局部性发展与全局性发展的有机整合。党的十九大报告形成了"五位一体"总体布局和"四个全面"战略布局，而且提出了十四条基本方略，既有宏观战略，也有实施的途径和措施。

中国共产党除了工人阶级和最广大人民群众的利益，没有自己的特殊利益

记者：党的十八大以来，以习近平同志为核心的党中

央将全面从严治党纳入"四个全面"战略布局，开辟了管党治党新境界，取得了党的建设新成就。在您看来，中国共产党为什么能够深入推进自我革命？

欧阳康：从根本上来说，这是由中国共产党的宗旨决定的。党的十九大报告开篇就是不忘初心，牢记使命，中国共产党人的初心就是为中国人民谋幸福、为中华民族谋复兴。世界上有这么多的政党，只有中国共产党敢于宣布自己没有人民利益以外的任何特殊利益。因为没有私利，所以中国共产党才能够做到真正大刀阔斧地推进自我革命，站在人民立场考虑问题，做到只要是符合人民利益的事，就会毫不犹豫地去做，出现错误，就坚决去改。可以说，始终坚持人民立场，牢记全心全意为人民服务的宗旨，这是中国共产党自我革命的最根本动力。

其次，中国共产党人有科学的指导思想、科学的理论原则和方法论，那就是马克思主义，尤其是中国化的马克思主义。马克思主义作为实践的唯物主义要求，帮助我们不断地认识世界、认识自我，改造世界、改造自我。对于中国共产党人来说，用马克思主义来指导自己的思想理论和政治建设有一个突出的特点，就是善于向历史学习，进行历史的反思，善于把历史的经验和教训转变为中国共产党的精神财富。

最后是中国共产党有一个非常坚强、全面而有力的组织体系，且不断地保持在组织上的先进性。中国共产党的党员人数目前已超过 9000 万。这么大一个党，这么多的党员，需要加强组织建设和制度建设。以习近平同志为核心的党中央，在压实各级党组织抓管党治党主体责任和监督责任的同时，多管齐下、综合施策，不断激发各级党组织及其负责人抓管党治党的内在动力。同时，通过改革考核机制，让能者上、庸者下，激发各级党组织管党治党的积极性。当前正在开展的"不忘初心、牢记使命"主题教育尤其强调新时代中国共产党人的使命与担当，一定会极大提升党的生机活力。

（记者：王雅婧；来源：《中国纪检监察报》

2019 年 8 月 19 日）

马克思主义永葆生机活力的奥妙所在

——访中共中央党校（国家行政学院）教授陈曙光

陈曙光，中共中央党校（国家行政学院）马克思主义学院21世纪马克思主义研究所所长、教授。曾入选教育部首届青年长江学者，教育部新世纪优秀人才。主要从事马克思主义人学、中国道路与中国话语研究。近年来，主持国家社科基金重大项目、重点项目等4项，出版个人学术专著6部；在《中国社会科学》《哲学研究》《政治学研究》《马克思主义研究》等发表论文180余篇，转载复印80多篇次；多次荣奖省政府社科成果奖一等奖等奖励。2016年5月17日，作为马克思主义理论学科代表，应邀参加习近平总书记主持召开的哲学社会科学工作座谈会。

5月5日是全世界无产阶级和劳动人民的革命导师——马克思的诞辰。作为近代以来最伟大的思想家，马克思给我们留下的最有价值、最具影响力的精神财富，就是以他的名字命名的科学理论——马克思主义。习近平总书记在纪念马克思诞辰200周年大会上曾指出，马克思主义思想理论博大精深、常学常新。新时代，中国共产党人仍然要学习马克思，学习和实践马克思主义。陈曙光就新时代党员干部如何学习马克思的伟大人格、如何理解"坚持马克思主义与发展马克思主义"之间的关系等问题进行了解读。

马克思是中国共产党人的理论导师，也是人格导师

记者：在纪念马克思诞辰200周年大会上，习近平总书记深情缅怀了马克思的伟大人格，对马克思的一生做出高度评价。一个人，只有拥有伟大的人格才能创造伟大的成就。您认为，广大党员干部可以从马克思的人生选择和高尚品格中学习借鉴到什么？

陈曙光：党员干部应当学习马克思矢志不渝为大多数人谋幸福的精神，始终做到全心全意为人民服务。

为人类最大多数人的幸福而工作，这是马克思一生坚定不移的信念。这个信念在他17岁的时候就已经确

定了。那时他写了一篇论文叫《青年在选择职业时的考虑》，其中的一段话影响着他整个一生：如果我们选择了最能为人类工作的职业，那么，重担就不能把我们压倒，因为这是为大家而献身。到那个时候，我们所享受到的就不再是可怜的有限的自私的乐趣，幸福将属于千百万人，我们的事业将悄然无声地存在下去，而且它会永远发挥作用，面对我们的骨灰，高尚的人会流下热泪。事实上，从 24 岁到去世，马克思一直坚守并献身于他的这一理想信念，即便是面临穷困潦倒的生活处境，也没有为利益而改变初心，没有一边利用资本主义体制和国家机器大肆捞取好处，一边又批判资本主义。因此，马克思的高尚人格和道德文章为世人所景仰。恩格斯在马克思墓前的讲话中指出，马克思可能有过许多敌人，但未必有一个私敌。这可以看作是对马克思人格操守的高度评价。今天，也许没有多少人能读完马克思的全部著作，达到马克思的思想高度，可又有多少人能达到马克思的人格高度？中国共产党选择了马克思主义，马克思不仅是中国共产党人的理论导师，也应该成为中国共产党人的人格导师。每一个共产党员都不仅应该信仰马克思主义，也应当努力成为像马克思那样人格高尚的人。

中国共产党人既是坚持马克思主义的典范，
也是发展马克思主义的典范

记者：马克思主义是不断发展的开放的理论，始终站在时代前沿。习近平总书记指出："把坚持马克思主义和发展马克思主义统一起来，结合新的实践不断作出新的理论创造，这是马克思主义永葆生机活力的奥妙所在。"我们应该如何理解"坚持"和"发展"之间的关系？

陈曙光："坚持"与"发展"相结合，既不丢"老祖宗"，又敢于"讲新话"。

马克思主义是在实践中产生而又经过实践检验的客观真理，它正确揭示了人类社会的发展规律，为人类进步、社会发展和全人类的解放事业指明了方向，是我们立党立国的根本指导思想。所以马克思主义的基本原理任何时候都必须坚持，否则，我们的事业就会因为没有正确的理论基础和思想灵魂而迷失方向。

但同时，马克思主义具有与时俱进的理论品质，是时代的真理，不是终极真理。马克思主义创始人创立的科学理论体系，是他们那个时代的精神上的精华，是特定时代的思想理论体系，因此它又必然随着时代、实践和科学的发展而不断发展，否则，就没有生机活力了。所以我们又不能只讲"老祖宗",而要敢于结合新的实际"讲新话",不断发展马克思主义。马克思主义正是由于它的后继者的不断发展而永葆青春。

中国共产党诞生近百年来,马克思主义中国化的过程就是"坚持"与"发展"相结合,以科学的态度对待马克思主义的过程。毛泽东同志指出:"马克思这些老祖宗的书,必须读,他们的基本原理必须遵守,这是第一。但是,任何国家的共产党,任何国家的思想界,都要创造新的理论,写出新的著作,产生自己的理论家,来为当前的政治服务,单靠老祖宗是不行的。"中国共产党人既是坚持马克思主义的典范,也是发展马克思主义的典范;既坚持了马克思主义的基本原理,又为发展马克思主义做出了中国的原创性贡献。

习近平新时代中国特色社会主义思想为
发展马克思主义作出了中国的原创性贡献

记者:习近平新时代中国特色社会主义思想,是马克思主义中国化的最新成果,是马克思主义在当代中国的新发展,对丰富和发展马克思主义作出了原创性贡献。对此,我们应该如何理解?

陈曙光：这个原创性贡献，我们可以从哲学、经济学、科学社会主义三个组成部分的角度来梳理，也可以从共产党执政规律、社会主义建设规律、人类社会发展规律三个角度来梳理。我这里主要从习近平总书记如何回答"新时代坚持和发展什么样的中国特色社会主义、怎样坚持和发展中国特色社会主义"这一重大时代课题的角度做一简单概括。

关于社会主义本质内涵，习近平总书记提出中国特色社会主义最本质特征是中国共产党领导，中国特色社会主义制度最大优势是中国共产党领导，科学揭示了社会主义与党的领导的内在逻辑，从本质论的高度阐明了中国特色社会主义的最本质特征。

关于社会主义构成要素，习近平总书记强调增强中国特色社会主义道路自信、理论自信、制度自信、文化自信，丰富拓展了中国特色社会主义的内涵和外延。

关于社会主义发展阶段，习近平总书记作出"中国特色社会主义进入新时代"的重大政治论断，丰富和发展了马克思主义时代观，为社会主义初级阶段理论注入了新的科学内涵。

关于社会主义建设布局，习近平总书记提出统筹推进"五位一体"总体布局，协调推进"四个全面"战略布局，把对中国特色社会主义的认识和实践提高到新的科学水平。

关于社会主义建设规律，习近平总书记提出了"发挥市场决定性作用和更好发挥政府作用"的命题，提出了"新发展理念""以人民为中心的发展思想""经济新常态""推动供给侧结构性改革"和"建设现代化经济体系"的理论，丰富发展了中国特色社会主义政治经济学。

关于社会主义基本方略，习近平总书记整合我们党在不同时期形成的基本纲领、基本经验、基本要求，创造性提出新时代坚持和发展中国特色社会主义的基本方略，即"十四个坚持"，深化了对社会主义建设规律的认识。

关于社会主义保障条件，习近平总书记在"安全保障"上提出坚持总体国家安全观，在"军事保障"上提出建设世界一流军队的强军目标，在"国际环境"上提出构建新型国际关系和人类命运共同体的中国主张，丰富和发展了马克思主义国家安全理论和国际关系理论，开辟了党的军事学说的新境界。

关于社会主义领导力量，习近平总书记提出了"坚持党对一切工作的领导""坚持和加强党的全面领导""党是最高政治领导力量""以党的自我革命推动伟大社会革命"等新理念新思想新战略，深化了对共产党执政规律的认识。

上述方面仅是列举。习近平新时代中国特色社会主义思想包含一系列具有开创性意义的新理念新思想新战略，在马克思主义发展史上具有重要意义，为发展马克思主义作出了中国的原创性贡献。

记者：今天我们缅怀马克思、学习马克思主义，最好的方式是什么？

陈曙光：今天我们缅怀马克思、学习马克思主义，最好的方式就是用发展着的马克思主义指导实践，在实践中不断丰富发展马克思主义。马克思主义是实践的理论，也只有在实践中才能真正彰显改造世界的理论力量。习近平总书记指出，马克思主义不是书斋里的学问，而是为了改变人民历史命运而创立的，是在人民求解放的实践中形成的，也是在人民求解放的实践中丰富和发展的，为人民认识世界、改造世界提供了强大精神力量。因此，党员干部不仅要做马克思主义的忠诚信奉者，还要做马克思主义的坚定实践者。党员干部要在习近平新时代中国特色社会主义思想的指引下，拿出实际行动，为实现中华民族伟大复兴而不懈奋斗。

（记者：王雅婧；《中国纪检监察报》
2019 年 5 月 6 日）

中国为世界注入弥足珍贵的确定性

——访中国人民大学教授王义桅

嘉宾简介

王义桅，中国人民大学国际关系学院教授，中国人民大学习近平新时代中国特色社会主义思想研究院副院长，国家发展与战略研究院、重阳金融研究院高级研究员，"一带一路"研究专家。出版专著《海殇？欧洲文明启示录》《再造中国：领导型国家的文明担当》《"一带一路"：机遇与挑战》《世界是通的——"一带一路"的逻辑》等。

经过长期努力，中国特色社会主义进入新时代。这个新时代，是中国日益走近世界舞台中央、不断为人类作出更大贡献的时代。近年来，中国在自身不断发展壮大的同时，也为其他国家的发展贡献着自己的力量，彰显着中国的大国担当。中华民族伟大复兴的中国梦对世界有何贡献？"一带一路"倡议蕴含了哪些中国发展的成功经验？围绕相关问题，王义桅教授为我们进行深入阐述。

中国不仅自己要强起来，也要和世界一起永续发展

记者： 实现中华民族伟大复兴中国梦是党的十八大以来习近平总书记提出的重要执政理念。您之前曾在接受媒体采访中表示，"中国梦源于中国而属于世界"，为什么这么说？

王义桅： 中国梦首先是属于中国的。我们不做其他国家的梦。中国作为世界上最大的发展中国家，把自己的事情办好，就是对国际社会的最大贡献。我们坚持走符合自身国情的道路，保持头脑清醒，坚持自信、自觉。

作为世界大国与文明古国，中国不仅自己充满"四个自信"，也乐见其他国家有"自信"；不仅要有中国特色，也乐见其他国家特色；不仅自己要强起来，也要和世界一起实现人类文明的永续发展。这就是中国梦的世界意义与文明担当。中国人民与世界各国人民追求美好生活的梦是相通的。

中国梦源于中国，属于世界。中国有句古语，己欲立

而立人，己欲达而达人。中国近年来发展取得的成就，对其他新兴国家产生极大的示范、鼓励作用，也使得中国梦对广大发展中国家产生强大吸引力。中国梦也代表了广大发展中国家的发达梦。中国在实现中国梦的过程中，也帮助其他发展中国家实现脱贫致富、现代化，倡导正确的义利观，着力打造命运共同体。中国的发展只有以世界各国为伴，实现共同发展和文明的共同繁荣，才能行稳致远。

以"一带一路"倡议为例，在全球化遭遇挫折后，作为世界经济增长火车头的中国，将自身的产能优势、技术与资金优势、经验与模式优势转化为市场与合作优势，将中国机遇变成世界机遇，融通中国梦与世界梦。

中国的现代化经验很鲜活，对广大发展中国家具有吸引力

记者：2013 年，中国提出"一带一路"倡议。6 年来，从蓝图到实践，从倡议到机制，"一带一路"得到了全球范围，尤其是发展中国家的积极响应。作为"一带一路"研究者，您认为，"一带一路"倡议蕴含了中国发展的哪些成功经验？

王义桅："一带一路"这个名字本身包含了中国传统

哲学——一生二，二生三，三生万物。"经济走廊""经济带"等提法也具有鲜明的改革开放特色。"要致富，先修路；要快富，修高速""再穷不能穷教育，不把贫困传给下一代"，也是中国发展的切身经验。

中国最晚提出丝绸之路复兴计划，为何超越其他国家的丝绸之路复兴计划，成为广受欢迎的国际公共产品？一个原因就是中国近年来快速发展，取得举世瞩目的成就，国内互联互通基本完成。比如我们过去十年时间建了三万多公里的高铁，占全世界高铁总长度的七成，开创了人类铁路史上的奇迹。政贵有恒，治须有常。从中国制造到中国创造的过程中，中国社会主义制度优越性以及中国建设者吃苦耐劳、不怕困难的精神，得到充分展示。

世界上至今有13亿人生活在没有电的状态中，但中国这个世界上最大的发展中国家却成为这个世界上发电量最多的国家，中国国家电网长距离、特高压输电网，实现成本最小化，推动人类共同现代化。北斗导航系统2020年实现全球覆盖，更有利于发展中国家远程教育，扫除文盲，脱贫致富。可以说，"一带一路"的成功证实，中国的现代化经验最鲜活，对广大发展中国家最有吸引力。"一带一路"倡议的提出，也表明我们在回头看，深挖与发展中国家的合作潜力。中国的技术市场化能力最强，工业化经验最鲜活，实事求是、实践能力与变通性最强，最能适应多样化世界的发展需要。

"一带一路"还展示了中国道路的深厚历史文化内涵。《管子》有云:"以天下之目视者,则无不见;以天下之耳听者,则无不闻;以天下之心思虑者,则无不知。""一带一路"倡议的提出,彰显中国"达则兼济天下"的大国担当,激活"和平合作、开放包容、互学互鉴、互利共赢"的丝路精神,开创以合作共赢为核心的新型国际关系,探寻 21 世纪人类共同价值体系,建设命运共同体。鼓励世界各国走符合自身国情的发展道路,通过国际产能合作,支持发展中国家工业化进程,让合作成果更多惠及人民,实现共同发展与繁荣。

简而言之,中国走了一条符合自身国情的发展道路,给那些既希望加快发展又希望保持自身独立性的国家和民族提供了全新选择。

中国道路的成功还原了世界多样性,
也为西方提供启示

记者: 在西方,有一个流行词汇叫"中国悖论",就是中国没有实行西方模式,却实现了经济社会的超常增长。但也因此出现了一些质疑的声音,比如"中国幸运说""中国不可持续说""中国威胁论"等，对这些观点，您认为我们应该如何看待和回应？

王义桅：从某个时间开始，以"西方中心论"主导的普世性，在近代西方文明的强势主导下，形成了普世价值体系，"普世价值"成为西方国家掌控话语霸权的工具。

许多西方人以西方理论为参照系来解释中国问题就会陷入误区，以西方某个学科来理解中国问题就会存在片面。毫无疑问，各国具有差异性，世界具有多样性，但共同的历史记忆、共同的处境、共同的追求，将各国紧密相连，形成共同身份与认同，塑造共同未来。

普世价值体系的历史基础，是西方主导了全球化的进程。对中国而言，破除"中国威胁论"悖论的唯一出路是实现"再全球化"——现在的"全球化"，本质上是西方器物、制度、文化的"全球化"，并非"真正的全球化"。"真正的全球化"是尊重和表达各种文化、各种理念和发展模式，充分展示文明多样性的全球化。

事实上，中西方文化中存在人类共同的价值，中西文明是可以互补的。宣称自己代表普世价值，只是一种话语霸权。中国道路的成功还原了世界多样性，破除了"全球化就是美国化"。同时，中国智慧、中国方案的存在，也启迪了西方模式，中国的持续成功发展不仅解决中国问题，也为西方走出困境提供启示。当然，中国发展的成功更激励越来越多的发展中国家告别效仿西方的迷思，寻求自身发展道路。

在充满不确定性的时代，中国保持了自身的确定性

记者：有一些学者指出，中国的发展是世界的稳定基石。中国的繁荣稳定也将惠及世界的稳定发展。对此，您是如何理解的？

王义桅：中国有将近 14 亿人口，其中还有很多贫困人口。改革开放以来，中国坚持不懈推动消除贫困、改善民生等工作，在几一年间，让超过 8 亿人摆脱贫困，成为世界上减贫人口最多的国家，对全球减贫贡献率超过70%。中国共产党人始终不忘初心，坚持为人民谋幸福的宗旨，不断满足人民日益增长的美好生活需要。中国以人民为中心的发展理念，给国际社会贡献了良好的经验。中国脱贫致富的模式，也为越来越多的国家所认同，给予其他发展中国家以强大的信心。

此外，自全球金融危机爆发以来，中国对世界经济增长贡献率超过三成，起到为世界经济托底的作用。中国稳健的经济政策，也在遏制国际上存在的一些以邻为壑的贸易、投资保护主义。

再者，"一带一路"通过互联互通，带动沿线国家经济发展，也能够帮助消除一些国家因贫困而导致的动荡。中国和平发展、互利互惠、合作共赢的理念，也推动全球化朝着更加开放、包容、普惠、平衡的方向发展。

环顾世界，在充满不确定性的时代，中国保持了自身的确定性，以中国的确定性，引领世界走出不确定性。鉴于中国的体量和对世界和平与发展的贡献，这种确定性弥足珍贵。

中国的确定性从何而来？一是源于体制，二是源于政策，三是源于领导力量。

先说体制的确定性。中国共产党长期执政，且中国的郡县制自秦汉确立，延续至今。中国共产党的群众路线，是避免民粹主义最有效的制度优势。

再说政策的确定性。中国改革开放持续深入推进，"两个一百年"奋斗目标及"五年规划"，确保政策连续稳定。政策确定性背后是连续不断的中华文明。

最后是领导力量的确定性。中国共产党人一代一代接续奋斗，与一些国家政党轮换的局面形成鲜明对照。

（记者：王雅婧；来源：《中国纪检监察报》
2019 年 9 月 10 日）

第三章

制度自信

中国奇迹源于国家制度优势

——访新加坡国立大学教授、中国问题专家郑永年

嘉宾简介

郑永年，新加坡国立大学教授，《国际中国研究杂志》主编，著名中国问题专家。曾任北京大学政治与行政管理系助教、讲师，新加坡国立大学东亚研究所研究员、资深研究员、所长，英国诺丁汉大学中国政策研究所教授、研究主任。主要从事中国内部转型及其外部关系研究。

在中国共产党的坚强领导下，经过 70 年的不懈奋斗，中国从积贫积弱到繁荣昌盛，从封闭经济体成为世界最大贸易国，取得了举世瞩目的巨大成就。步入新时代，面对纷繁复杂的国际国内形势，如何进一步深化改革、扩大开

放，加强软力量建设，已经成为了新时代中国面临的重大课题。围绕这一课题，新加坡国立大学教授、中国问题专家郑永年为我们深入解读，探寻中国制度建设的实践逻辑，了解中国在百年未有之大变局中的发展方向。

中国能创造这样的经济奇迹，
背后是中国政治经济制度在支撑

记者：今年是新中国成立70周年，70年来尤其是改革开放40年来，中国取得了世界瞩目的历史性成就。作为中国问题专家，您提出"中国模式"的核心是中国特有的政治经济模式。在您看来，应当如何理解"中国模式"的内涵，"中国模式"在中国高速发展过程中扮演了什么样的角色？

郑永年：在纪录片《大国崛起》中，我曾提到："所有以前大国的崛起，都是因为它内部的国家制度的崛起。"新的制度的产生，能够带来支撑大国发展的力量，而中国能创造这样的经济奇迹，源于中国政治经济制度在背后的支撑。

从经济层面来看，中国的巨大成就与社会主义的基本经济制度密切相关。自上世纪80年代以来，西方一直认为经济是资本的责任，与国家无关，政府干预经济是不正常的。但就中国而言，政府对于发展经济、管理经济有着不可推卸的责任。除了西方所具有的货币、财政政策工具之外，中国还有着一个强大的国有部门，它承担着国家的很多功能，包括公共基础设施的建设、平衡市场的力量，以及应对各种各样的危机。这种经济功能在西方是找不到的。

在过去的数十年间，无论是 1997、1998 年亚洲金融危机，还是 2007、2008 年全球金融危机，中国都没有受到大的影响。为什么其他国家都发生经济危机，中国没有？这就是中国经济制度的优势所在。

而从政治层面来看，新中国成立以来，中国政治制度建设不断发展，尤其是十八大以来，中国的政治制度建设有了新的提升，为执政党和国家长治久安奠定了制度基础。

记者：您刚才提到《大国崛起》，里面讲到了 15 世纪以来的一些国家崛起的过程。这些国家的兴起，其实也为中国的现代化发展提供了一些借鉴。

郑永年：学习借鉴其他国家是必要的，文明本质上都是交流的、互相学习的，文艺复兴之后，西方也学东方，学中国的理性文化和官僚体制、阿拉伯世界的科学技术和数学。但学其他国家首先要明确谁是主体的问题，也就是在学习其他国家优秀文化的同时，一定要搞清楚，学习的目的是为了使自己变得更好，而不是把自己变成别人、把自己的文明变成其他的东西。所以我认为，在"四个自信"中，文化自信是更基础的更深厚的。

一直以来，中国都在强调独立自主，但独立自主并不等同于关起门来。任何一个文明只要关起门来，肯定是会衰落的。中国的改革开放以自己为主体，在坚持做好自己的同时向其他国家学习，这是真正的中国特色。

中国共产党自身的初心、使命、宗旨决定了它是实现制度优势的关键所在

记者：改革开放被称为是"中国的第二次革命"。您认为改革开放的历程有着怎样的中国特色，反映了怎样的中国制度优势？

郑永年：改革开放是为了什么？经济要发展，老百姓生活水平要提高，社会要稳定，民族要和谐，这些都有价值。问题是，如何在中国的环境中去实现这些价值？

改革就是要实事求是，解决面临的具体问题。从"贫穷不是社会主义"，到后来的"最低生活保障"，再到这几年大规模的精准扶贫，中国正是这样让老百姓得到了扎扎

实实的好处，产生了具体的获得感。

说到扶贫，其实这也是一个国家政治经济体制能力的问题。没有国家不想做扶贫，其他国家尤其是一些发达国家也想做，但中国共产党有主导力量体制来进行大规模扶贫，其他国家却找不到这样一个抓手来推行这个政策。从这些现象背后，我们也可以看到中国制度优势。

制度优势的背后，其实还在于执政党。我曾说过，中国共产党不仅是一个执政党，更是一个使命党。它从成立之初，就有它的使命，那就是通过向老百姓提供公共服务，包括经济发展、社会服务、稳定社会秩序，让人民群众产生获得感。

强调初心，就是强调党的使命。中国共产党执政的政治认同基础，就是看有没有实现这个使命，具体来说就是向人民承诺的要做的事情、对中华民族所承担的责任。如果能够通过完成自身使命，让老百姓产生获得感，那执政党就可以实现长治久安。

从 2020 年的全面建成小康社会，到 2035 年的基本实现社会主义现代化，再到 2050 年的建成社会主义现代化强国，中国共产党有长远的使命，也有阶段性的使命，这些都是看得见摸得着的使命。

进入新时代后，用最直白的话来说，就是要干，实干兴邦。重点是进行制度建设，对现有制度的巩固、优化、改善，是没有止境的，而中国共产党自身的初心、使命、宗旨都决定了它是实现制度优势的关键所在。

中国在开放的状态下把自己的事情做好，维持自己经济的正常增长，就是对全球化、对其他国家最大的贡献

记者：中国作为一个负责任的大国，"大要有大的样子"。前不久在第二届"一带一路"国际合作高峰论坛上，习近平主席表示，中国将采取一系列重大改革开放举措，促进更高水平对外开放。您认为进一步扩大对外开放，对世界而言有什么样的意义？

郑永年：改革开放的 1.0 版是上世纪 80 年代的"请进来"，紧随其后的 2.0 版是上世纪 90 年代邓小平南方谈话后更大规模的开放，叫"接轨"，接下来的 3.0 版则是资本"走出去"。而现在，开放就要到 4.0 版了。

进一步的高质量的对外开放，一方面是中国自己可持续发展的需要，另一方面也是整个世界经济发展的需要。4.0 版的开放有两方面意思：一方面，需要更加开放的平台做大事，比如建设自贸港、大湾区、长江经济带。另一方面是走出去，在国际舞台上发挥更大作用。

全球化本身是一个公共品，需要国家去维持，而大国应当在此过程中扮演更重要的角色。加入 WTO 后，中国多年来对世界经济增长的贡献率一直维持在 30%以上。像中国这样大的经济体，在开放的状态下把自己的事情做好，维持自己经济的正常增长，就是对全球化、对其他国家最大的贡献。中国进一步扩大对外开放，必将会为世界经济持续向好、经济全球化深入推进带来更多重要机遇，为世界经济增长注入新动能。

记者：当前世界正处于百年未有之大变局，应当怎样看待这种变局，它将对实现中华民族伟大复兴带来怎样的重大机遇与挑战，对中国的改革进程产生怎样的影响？

郑永年：以前的世界秩序是以欧美为绝对中心的，现在这个秩序开始动摇了，这才产生了我们所说的大变局。如果说中国以前的发展是以国内为重心，那么下一步就必须考虑如何在国际体系中谋求发展。这是一个角色转换的问题，要承担什么样的国际责任的问题，要建立一套怎么样的国际体系的问题。

在大变局中，中国迎来了一系列的机遇。作为最庞大的新兴经济体，中国已经成为了当前世界经济增长的主要动力来源之一。而随着中国实体经济和金融经济的持续发展，人民币的影响力也在快速提升。

此外，中国的内部经济扩张仍然有很大的空间，这意味着在今后很长一段历史时期里，较之西方，中国经济仍然会处于高增长时期。

与此同时，作为最大的发展中国家，中国在国际事务中需要承担更大的责任，既要跟发达的西方打交道，又要跟广大的发展中国家打交道。

如何才能实现我们所说的世界和平？如何为国际社会提供公共品，以一种什么样的方式提供？如何在多元的世界体系中跟其他的体制和平共存？这些都是很大的挑战。

读懂中国，不仅是中国自身发展的需要，
也是世界的需要

记者：以前您曾讲过，当代中国研究的核心就是理解中国。您认为让世界读懂中国的意义是什么？怎么样才能让世界理解中国？

郑永年：让世界理解中国有两方面意义。一是中国自身发展的需要。现在中国已经日益走近世界舞台的中央了，就需要被人理解，人家理解你，才会接受你。二是对于其他国家而言，它们也需要理解中国，因为当前中国所说的所做的、吃什么不吃什么、用什么不用什么，都对世

界经济产生着举足轻重的影响。

那么获取理解的方式是什么？在讨论这个问题之前，必须认清一个残酷的现实：近代以来，整个话语体系是由西方大力打造的，西方国家占有绝对的话语权。中国虽然发展得快，但是基本没有自己的话语权。如果我们一直在借用西方的概念和理论来解释中国，这可能不是在解释中国，而是在曲解中国。

理解中国，不是嘴上说出来的。在西方的文艺复兴和启蒙运动中，知识群体扮演了很重要的角色，如果中国的知识群体不能扮演类似的角色，把中国古老的文明和当代的最优实践经验解释清楚，中国就很难拥有软力量。

记者：也就是说中国要建立属于自己的话语体系？

郑永年：讲好中国故事不光是一个方式的问题，还是一个知识体系的问题。没有自己的知识体系，就不会有话语，话语只是把这些知识体系传播出去，用通俗易懂的语言讲故事。

所以需要整整几代人踏踏实实地去做一些研究，创造中国自己的知识体系，并进一步文本化、理论化，这不仅是中国自身的需要，也是对整个世界社会科学的贡献。

无论从何种角度来看，知识体系的构建都是最重要的。没有自己的知识体系，无论是执政者还是知识精英都无从解释自己的社会，无法认清社会的发展趋势，不知道要如何解决越来越多的问题。更重要的是，在这种情况下，中国将变得只会应用，不会创新，国家的可持续发展也会受到制约。

其实，中国的知识体系建构跟现在的 IT 产业发展是一个道理，就是要有原创性的东西。只有有了原创性的知识体系，中国才会拥有真正的原始创造力，才能把解释权握在自己手中。创新是一个民族进步的灵魂。所有的民族都是一样的，不进则退。

（记者：初英杰，见习记者：左翰嫡；来源：《中国纪检监察报》2019 年 10 月 21 日）

植根于中国土壤的制度最管用

——访中国人民大学国际关系学院院长杨光斌

嘉宾简介

杨光斌，全国政协外事委员会委员，中国人民大学国际关系学院院长、中国人民大学特聘教授、博士生导师，中央马克思主义理论研究与建设工程首席专家，教育部长江学者特聘教授，全国哲学社会科学领军人才。著有《制度的形式与国家的兴衰——比较政治发展的理论与经验研究》《制度变迁与国家治理——中国政治发展研究》等。

中国特色社会主义制度是当代中国发展进步的根本制度保障。改革开放以来特别是党的十八大以来，党和国家事业取得的全方位、开创性历史性成就，发生的深层次、根本性的历史变革，充分证明了中国特色社会主义制度的优越性。"中国奇迹"的取得有哪些制度层面的原因？如何才能准确地理解和把握中国的政治制度？中国人民大学国际关系学院院长杨光斌就这些问题进行解答。

中国奇迹是"观念——制度——政策——能力"有机互动的结果

记者：新中国成立 70 年来，特别是改革开放以来，取得了举世瞩目的成就，创造了一系列"中国奇迹"。在您看来，"中国奇迹"的取得有哪些制度和政策层面的原因？

杨光斌："中国奇迹"是"观念——制度——政策——能力"有机互动的结果。

首先是以人民为中心的发展理念。中国共产党始终坚持以人民为中心，不断促进人的全面发展、全体人民共同富裕。

其次是中国特色社会主义的政治制度。不受约束的民主就是"暴民政治"，为此，在尊重现代性民主政治的同时，不能忘记人类几千年来的基本秩序——权威，否则一个国家就会失去方向，政府就会变成不能做事的"否决型政体"。中国特色社会主义的政治制度，一方面有以活力为主要形式的民主，一方面有代表权威的集中，保障了民主的有序性和国家前进的方向性。民主集中制是"中国模式"的核心。

第三是社会主义市场经济的经济体制。比较历史已经证明，没有市场经济，就没有竞争和活力，缺少创新性，不会有滚滚而来的国民财富。但是，只有财富，社会可能出现巨大的不平等、不公正，国家因而出现政治动荡，产权也得不到保护，因此必须有社会主义去进行财富再分配，以保障效率的同时最大限度地保障社会公正。

实践证明，"社会主义市场经济"是一大创新，全面消灭贫困计划、财政政策上的转移支付、地区之间的对口援建，等等，都是社会主义制度优越性的体现。如果说市场经济更多是"经济的"，那么社会主义就更多是一种"政治的"，因而社会主义市场经济体制就不是单纯的经济学意义上的经济制度，而是政治经济学意义上的政治——经济制度的混合体。应该认识到，也只有中国特色社会主义，才能保障社会主义市场经济体制的正常运行。

第四是问题导向的实践理性政策。改革开放以来，一切以问题为导向，既不再迷信计划经济，也不沉迷于所谓的自由市场，坚持的是让市场在资源配置中发挥决定性作用，更好发挥政府作用。为此，一方面坚持国家自主性的宏观计划、远景规划的产业政策，一方面进行一次又一次的市场性分权，以不停的分权而赋予市场活力。

最后是治理能力强大的公务员队伍。好观念、好制度、好体制和好政策，说到底要人去执行、去落实。比较而言，中国公务员队伍的整体水平和政策执行能力，在世界上可谓独树一帜。中国历史上的官僚体制，是如何把人、把国家组织起来的伟大的制度发明，其制度性遗传基因就是公务员以民为本的使命感。

中国政治制度与中国国情高度契合

记者：有一种观点认为中国没有实行西方的民主，并以此来质疑中国的民主制度。对此，您怎么看？

杨光斌：一个国家、一个社会，稳定和活力不可或缺。稳定是民众安居乐业的前提，对中国这样一个人口众多的大国来说尤其如此。实现稳定和活力的有机统一，经济和政治上的制度安排至关重要。但是，并非所有制度都能保持稳定、激发活力。实践证明，我国社会主义民主政治制度是一套能够确保中国和谐稳定、充满活力和发展繁荣的制度体系。

在现代社会，国家和政府的重大决策往往需要民众参与，以保证决策的科学性、民主性并促进决策有效执行。

民主集中制是一种科学的决策机制。在我国，中国共产党将民主集中制作为根本组织原则和领导制度。我们党在决策过程中充分运用民主集中制原则，既维护党和国家的权威、维护全国各族人民的团结统一，又让决策过程凝聚更多真知灼见，使作出的决策得到更广泛的理解和支持。

党总揽全局、协调各方，国家机关合理分工、权责匹配。同时，在党中央统一领导下，充分发挥地方积极性主动性创造性，保证国家统一高效推进各项事业发展。通过民主集中制，我们把全党全国各族人民紧密团结起来，形成万众一心、无坚不摧的磅礴力量。

人民代表大会制度是我国的根本政治制度。人民代表大会制度以人民为中心，人民代表大会的代表具有广泛的代表性，各地方、各民族、各行业都有相应比例的代表，由此产生的法律必然体现人民意志。

在我国，协商民主有着深厚的传统文化根基。中国共产党人以马克思主义为指导，继承和发扬政治协商传统，使协商民主成为我国社会主义民主政治的特有形式和独特优势。社会主义协商民主经过广泛、多层、制度化发展，成为重要的民主形式。无论是事关国家大局的重要政策的制定，还是行业性政策的出台，或者事关群众切身利益的社区治理问题，协商民主都能发挥重要作用。

能把中国事情办好的制度无疑是非常了不起的。中国有近 14 亿人口，是一个发展中大国。我国社会主义民主政治制度让国家焕发蓬勃生机，使中国社会展现出既有民主又有集中、既有活力又有秩序的生动图景，推动中国经济社会不断发展。

实践证明，我国社会主义民主政治制度植根于中国大地，与中国国情具有高度契合性，因而是富有生命力的制度。

中国作为一个世界性大国不能没有自己的话语权

记者：西方一直有一些唱衰中国的预测，但时间证明预测的结果都是错的。请您分析一下其中的原因？

杨光斌：人们不应该用一种观念一刀切地衡量历史文化、文明基因不同的政体。对于任何一种政体而言，不同的视角都会有不同的看法，但是西方流行的对中国政治的认识却是以特定的"观念世界"来对照中国。

"中国崩溃论"最终会崩溃，一个重要原因就是以西方一些专家自己的观念来研究与其历史文化完全不同的中国政治，这样就没法理解中国政治的内在逻辑。

记者：那么，怎样准确地理解和把握中国的政治制度？

杨光斌：认识中国政治，需要两大历史维度：中国近代历史的演进和比较历史的视野，以此来看中国制度选择的自然性与正当性。

就中国历史而言，当古老的"文明型国家"遭遇西方的"民族国家"冲击而无所适从之后，中国如何作为一个现代国家再组织起来，而不是像其他古文明如奥斯曼帝国那样被肢解或消失？

自近代以来，中国的仁人志士把各种政体都尝试过了，从孙中山到袁世凯，到北洋政府，再到南京国民政府，都不管用。中国共产党领导的革命不但是夺取政权的过程，更是一个重新组织国家的历程。其中的一个最伟大的组织化办法就是通过群众路线将人民群众组织起来，这无疑是不同于其他国家的一种政治发展道路。仅此而言，中国共产党作为国家组织者的角色就值得国内外学术界花大力气去研究。

中国共产党领导下的新中国，既不同于发达的资本本位的国家，也不同于一般仅进行民族解放而无社会革命的发展中国家。其中最大的不同就在于，中国共产党不但是靠马列主义组织起来的政党，更是浸染着民本思想的政治组织；而且将传统的民本思想制度化了，即我们常讲的群众路线。无论是阶级政党理论、民族政党理论，还是美国式的选举式政党理论，都不可能解释中国共产党。这种不同，就是中国道路和政治制度的生命力之所在。

记者：正因为我们要讲清楚我们自身的制度和道路，所以中国作为一个世界性大国需要建构自己的话语权。对此，您是如何看待的？

杨光斌：近代以来，西方国家正是以自己的硬实力而将产生于自己国家的历史叙事普遍化，世界因此而成为"一言堂"，世界上只有一本"通用教科书"，一个"标准答案"。中国作为一个世界性大国不能没有自己的话语权，甚至不能没有引领时代和世界的话语权。

建构自己的话语权并不意味着排斥人类文明的优秀成果，开放性、包容性正是中华文明的基因，也是马克思主义的生命力所在，比如政治学方法论上的阶级分析、历史制度主义，国际关系理论中的帝国主义论，经济学上的政治经济学以及制度主义学派等，凡是能揭示世界真相的学说都值得汲取。

但在汲取有益成果时，我们必须清晰明白西方社会科学赖以存续的本体论、目的论是什么，这些才是理解话语权生命力、话语权的价值的根本所在。

事实上，西方社会科学话语体系是建立在西方政治发展道路基础之上的，是对西方政治史的一种历史叙事。而中国道路和西方道路的最大分别在于通过党的领导来整合社会利益，最终实现不同于资本主体性的人民主体性。

中国历史文化、政治道路和政治现实意味着，构成历史叙事的本体论是集体主义，目的论是人民主体性。但是，不像西方社会科学中的对立性思维，中国人从来不是二元对立的世界观，而是包容性世界观。也就是说，集体主义并非不保护个人权利，只是个人权利不得凌驾于国家和整个社会之上；同样，人民主体性并非不重视各个阶层的利益，只是特定阶层不得以一己之私而牺牲人民利益、公共利益乃至国家利益。

在我看来，不了解中国建构自己话语权的必要性，就无法真正做到"四个自信"。

（记者：王雅婧；来源：《中国纪检监察报》

2019 年 9 月 23 日）

发挥制度优势　构建制度强国

——访中国政法大学校长马怀德

嘉宾简介

马怀德，中国政法大学校长、教授、博士研究生导师。中国首位行政诉讼法学博士，中国法学会行政法学研究会会长，最高人民法院特邀咨询员，最高人民检察院专家咨询委员，《行政法学研究》主编。

11月5日，《中共中央关于坚持和完善中国特色社会主义制度、推进国家治理体系和治理能力现代化若干重大问题的决定》（以下简称《决定》）公布。《决定》全面总结了党领导人民在我国国家制度建设和国家治理方面取得的成就、积累的经验、形成的原则，重点阐述坚持和完善支撑中国特色社会主义制度的根本制度、基本制度、重要制度，部署了需要深化的重大体制机制改革、需要推进的重点工作任务，让"中国之治"的美好未来更加清晰可见。为更好地理解《决定》精神，中国政法大学校长马怀德教授为我们进行深入阐释。

全面实现国家治理体系和治理能力现代化是建成中国特色社会主义现代化强国的一个重要标志

记者：党的十九届四中全会明确提出了坚持和完善中国特色社会主义制度、推进国家治理体系和治理能力现代化的总体目标。总体目标在战略步骤上分三个阶段来安排，从"更加成熟更加定型上取得明显成效"到"更加完善"，再到"更加巩固、优越性充分展现"，我们应该如何理解这三个阶段之间的逻辑关系？

马怀德：简单来说，这三个阶段之间是一个递进关系。邓小平同志 1992 年指出："恐怕再有三十年的时间，我们才会在各方面形成一整套更加成熟、更加定型的制度。"这个讲话为我们提出了一个新命题，就是制度成熟、制度定型。现在，经过几十年的改革和发展，我们积累了丰富的经验，我们需要对成功的经验进行总结，需要形成一个成熟的制度模式，所以我们第一阶段的目标是"到我们党成立 100 年时，在各方面制度更加成熟更加定型上取得明显成效"。怎样才能叫更加成熟更加定型？这里面有一个判断标准。我认为，一个标准是制度的稳定性，就是大家对制度已经形成了一种共识或者说尊崇，这个制度体系的不确定性大幅减少，成为一种可持续使用的稳定模式。另一个是制度的有效性，就是制度里不完善的地方越来越少，制度能够得到有效实施和执行。

总目标的最后一个阶段是制度更加巩固、优越性充分展现。怎样才叫优越性充分展现？实际上，我们现在也说中国特色社会主义制度具有显著的优越性。但我们现在说的显著优越性，指的是现在正在适用的制度。现在的制度还有一个进一步完善的过程，等到制度完善并巩固下来之后，它展现的优越性就会得到更充分的释放。

各个方面的制度都有一个逐步发展成熟的过程。比如经济制度，我们从最早的计划经济到有计划的商品经济再到中国特色社会主义市场经济，它逐步成熟起来了，更加适应我们的国情实际，从而使我们国家的经济建设取得了今天的成就，这说明这个制度是越来越成熟的、完善的制度。我们推进国家治理体系和治理能力的现代化，到最后就是新中国成立一百年时全面实现国家治理体系和治理能力现代化，这与我国现代化强国建设的阶段目标是一致的。因为建成中国特色社会主义现代化强国的一个重要标志就是全面实现国家治理体系和治理能力的现代化。

只有建立有效的监督体系，才能确保好的
制度得到有效实施，不损害制度的威严

记者：党和国家监督体系是党在长期执政条件下实现自我净化、自我完善、自我革新、自我提高的重要制度保障。经过一段时间努力，纪检体制改革和监察体制改革已经显现出多方面成效。您如何看待纪检监察体制改革在完善和发展中国特色社会主义制度方面的作用？

马怀德：完善党和国家监督体系是中国特色社会主义制度的一个重要组成部分。健全党和国家的监督体系，最核心的是要形成对权力的有效制约和监督。因为制度的权威性是一个国家治理体系和治理能力现代化的重要体现。只有建立了有效的监督体系，才能确保好的制度得到有效实施，才能确保权力受到监督制约，不损害制度的威严。

2016年底以来，党中央对党和国家监督体系进行了完善，特别是随着纪检监察体制改革的深入推进，应该说对于树立制度的权威有着非常重要的作用。党的十九届四中全会通过的《决定》指出，必须健全党统一领导、全面覆盖、权威高效的监督体系，增强监督严肃性、协同性、

有效性，形成决策科学、执行坚决、监督有力的权力运行机制，确保党和人民赋予的权力始终用来为人民谋幸福。第一位的是党的统一领导，这是一切制度建设的基础，也是一切制度建设的依据。党的领导要贯穿体现在国家制度和法律制度的方方面面，要统领治理体系和治理能力现代化的各个环节。再一个就是全面覆盖。监委的成立、监察法的制定，使我们实现了对行使公权力的公职人员的监督全覆盖，消除了监督的死角，特别是在反腐败方面，效果非常明显。最后一个就是权威高效，也就是体制的效率显然比以前要高，而且也更加具有权威性。所以说现在在很多党和国家重大战略部署和决策的执行过程中，比如说在"三大攻坚战"实施过程中，纪检监察机关充分发挥作用，有效实施监督，切实解决了政令不畅通、制度执行不到位的问题。

记者：《决定》提出"坚持和完善中国特色社会主义法治体系，提高党依法治国、依法执政能力"，如何理解中国特色社会主义法治体系的内涵以及它在推进国家治理体系和治理能力现代化中的意义？

马怀德：法治体系是国家治理的骨干工程。一个良好的法治体系包括五个子体系，对这五个子体系进一步完善是我们下一步的工作。最终的目标是什么？就是提高党依法治国、依法执政的能力。首先，要形成完备的法律规范体系，包括宪法法律、地方性法规和地方政府规章等。形成一套法治统一、互相衔接的法律规范体系是法治体系的基础，也是推动整个法治工作的前提。没有一套完备的法律规范体系，执法、司法、守法都谈不上。其次，要形成高效的法治实施体系。法律制定的目的是为了实施，确保法律的有效实施和执行，这是法治建设的核心要义。再次，形成一套严密的法治监督体系。以此来确保权力运行的合法性、正当性，确保法律的有效实施。第四，形成有力的法治保障体系。法治的专业化、职业化要求很高，需要建设一支德才兼备的高素质法治工作队伍，确保立法、执法、司法各项活动能够得到有效开展。最后，形成完善的党内法规体系。构建中国特色社会主义完善的法治体系，必须重视党内法规体系建设。我们现在的党内法规制度规范已经比较完备，确保这套制度规范得到有效实施。

坚持和完善中国特色社会主义法治体系的另外一个努力方向就是四个领域的重点制度建设任务。首先，要健全保障宪法全面实施的体制机制。通过有效的体制机制来确保宪法的有效实施。比如宪法全面实施的程序保障问题等，这些都是需要进一步完善的。要通过健全保障宪法全面实施的体制机制来推动法治建设进程，推动法治体系构建。

第二，要完善立法体制机制。确保立法真正体现党和人民的意志，形成一套高质量、有针对性、有操作性、能够及时出台的相关制度规范。在整个国家治理体系和治理能力现代化进程中，立法居于非常重要的基础性地位。只有完备的立法、完备的法律体系才能支撑国家治理体系和治理能力现代化。

第三，要健全社会公平正义的法治保障制度。这是四中全会公报里首次提出的概念，要从健全社会公平正义的法治保障制度入手，去解决各类社会问题。实际上法治是相互关联的，也就是说我们不能人为地割裂法治建设的全过程。不能简单地把法治建设理解为就是立法、执法、司法、守法。它的实际目标都是围绕着构建一个更加公平、更加正义的社会，从这个角度去推动法治建设。四中全会强调要"健全社会公平正义的法治保障制度"，就是在制度上还要进一步加强，形成一套完整的能够确保社会公平正义的制度，而且这些制度都是以法治保障的形式体现出来的。

第四，要加强对法律实施的监督。法律的生命力在于实施，没有有效的实施，再好的法律也等同于一纸空文。确保法律的有效实施必须加强对法律实施的监督。如何保障法律的有效实施？需要完善相关的制度，建立相关的机制，形成有效的制度体系，这样才能确保法律实施推动在社会治理、国家治理方面的现代化进程。

我们现在讲经济强国、文化强国等，
但最终应该是要构建一个制度强国

记者：实现推进国家治理体系和治理能力现代化的总体目标，您觉得我们还应该做哪些努力？

马怀德：我觉得我们所要做的努力，四中全会已经作出了明确部署。第一就是要在全会提出的几个"坚持和完善"方面下功夫，也就是在制度本身的完善上下功夫。为什么要强调制度？因为国家治理要把希望寄托在制度身上，因为制度具有稳定性、长期性和可期待性。就像邓小平同志说的："制度好可以使坏人无法任意横行，制度不好可以使好人无法充分做好事，甚至会走向反面。"对制度体系的完善，直接影响到国家治理体系和治理能力，也影响到国家经济社会各个方面的事业发展。我们现在讲经济强国、文化强国等，但最终我觉得应该是要构建一个制度强国。

第二个就是要增强制度意识，树立制度的权威。实现全党全社会都具有强烈的制度意识，自觉维护制度的权威，尤其是党员干部要做制度执行的表率。为什么呢？因为制度是一套规则体系，法律是制度中的最高形态，制度制定出来，最关键的还是要执行，要落实，要让制度运行起来，实现人人遵守制度、维护制度、执行制度。"中国之治"，中国的长治久安最终要体现为制度之治，这是我们未来进行制度建设，推进国家治理体系和治理能力现代化的一个标志意义。

（记者：王雅婧；来源:《中国纪检监察报》

2019 年 11 月 11 日）

以坚定的制度自信推进国家治理现代化

——访中共中央党校（国家行政学院）教授许耀桐

> **嘉宾简介**
>
> 许耀桐，现任福建师范大学马克思主义学院院长、特聘教授。中共中央党校（国家行政学院）一级教授，原科研部主任。国家社会科学基金项目学科评审组专家、马克思主义理论研究与建设工程专家、北京战略与管理研究会首席专家。

10月28日至31日，党的十九届四中全会举行，审议通过了《中共中央关于坚持和完善中国特色社会主义制度、推进国家治理体系和治理能力现代化若干重大问题的决定》。如何理解我国国家制度和治理体系多方面的显著优势？如何理解坚持党的领导、人民当家作主、依法治国三者的关系？如何增强制度的执行力？围绕党的十九届四中全会中大家关心的话题，对中共中央党校（国家行政学院）一级教授许耀桐进行了专访，请他进行深入阐释。

对坚持和完善中国特色社会主义制度、推进国家治理体系和治理能力现代化作出全面部署，体现了中国共产党作为执政党的强烈使命感和担当意识

记者：改革开放以来，党的历届四中全会都是聚焦当时政治经济生活的重大问题。在您看来，为什么十九届四中全会专题研究国家制度和国家治理问题并作出决定？

许耀桐：历次党的四中全会的确如此。我们不妨回顾一下，十四届四中全会作出了《中共中央关于加强党的建设几个重大问题的决定》；十五届四中全会作出了《中共中央关于国有企业改革和发展若干重大问题的决定》；十六届四中全会作出了《中共中央关于加强党的执政能力建设的决定》；十七届四中全会作出了《中共中央关于加强和改进新形势下党的建设若干重大问题的决定》；十八届四中全会作出了《中共中央关于全面推进依法治国若干重大问题的决定》。以上五次四中全会作出的五个《决定》，主要集中于党的建设、经济建设和法治建设，显而易见都

是十分重大的问题。那么，这次十九届四中全会审议通过的《中共中央关于坚持和完善中国特色社会主义制度、推进国家治理体系和治理能力现代化若干重大问题的决定》，就是更加宏大的问题。与前面五次四中全会仅就某一方面、某一领域问题作出的《决定》相比，这次四中全会的《决定》作出的是战略性部署。以习近平同志为核心的党中央明确指出，实现国家治理体系和治理能力现代化是重大战略任务。

为什么实现国家治理体系和治理能力现代化是战略任务呢？这是因为，在建立了社会主义国家政权之后，最大的问题就是国家治理问题。这个问题马克思、恩格斯本人没有经历过，列宁也只是做了初步的探索，其后的苏联则犯了严重的失误。中国在改革开放前，在国家治理问题上也一直没有找到适合中国实际的治理道路。改革开放以来，虽然中国共产党已经成功地回答了"什么是社会主义，怎样建设社会主义""建设什么样的党，怎样建设党"和"实现什么样的发展，怎样发展"的重大问题，但是，还要回答"怎样治理国家"这一坚持和发展中国特色社会主义的重大课题。现在，十九届四中全会站在历史的高度，集中研究了国家治理的问题，堪称最为重大的议程；全会作出的《决定》，对国家治理现代化作出全面部署，体现了中国共产党作为执政党的强烈使命感和担当意识，展示了中国国家治理的特点和优势。

记者：都说"大国难治"，具体到中国这样一个人口众多的发展中大国，在国家治理问题上最大的特殊性是什么呢？

许耀桐：中国是世界上人口最多的国家，是最大的发展中国家，也是最大的社会主义国家。这样的国情决定了在国家治理问题上必然具有许多特殊性。如果要说其中最大的特殊性是什么，我认为，是致力于中国特色社会主义制度的坚持和完善。

国家治理的核心要义在于制度。众所周知，自英国率先发动资产阶级革命以来，西方资本主义国家已有近400年的历史。西方国家几经坎坷、几度变革，到二战后其经济、政治、社会制度才完全成熟化、定型化。对比一下，社会主义国家的历史不过100年出头，而且像中国这样的社会主义国家，并不是建立在马克思、恩格斯设想的发达资本主义国家的基础上，在制度建设问题上也曾因经验不足受到挫折。中国在全面发展和完善社会主义制度的征程上，肯定是异常艰辛的。但重要的是，我们已经校准了方向，找到了正确道路。

国家治理，必须遵从国家性质的基本要求。中国是社会主义国家，中国的国家治理和西方国家治理明显区别在于，中国的国家治理是为了完善和发展中国特色社会主义制度，强调中国的社会主义国家性质。自 1978 年改革开放以来，在整个 80 年代，中国共产党对建设中国特色社会主义制度进行了不断的探索，初步地建立起了中国特色社会主义制度。但是，如何坚持这个制度，如何完善支撑中国特色社会主义制度的根本制度、基本制度、重要制度，还有很长的路要走。对此，邓小平在 1992 年时早有预估："恐怕再有三十年的时间，我们才会在各方面形成一整套更加成熟、更加定型的制度。"当今，邓小平关于制度建设的思想和愿景得到了传承和发展。

实践证明，中国特色社会主义制度和国家治理体系是以马克思主义为指导、植根中国大地、具有深厚中华文化根基、深得人民拥护的制度和治理体系，是具有强大生命力和巨大优势性的制度和治理体系。十九届四中全会确立了总体目标：到我们党成立 100 年时，在各方面制度更加成熟更加定型上取得明显成效；到 2035 年，各方面制度更加完善，基本实现国家治理体系和治理能力现代化；到新中国成立 100 年时，全面实现国家治理体系和治理能力现代化，使中国特色社会主义制度更加巩固、优越性充分展现。这就是说，从 1949 年到 2049 年，中国要用 100 年的时间，才能使国家治理体系和治理能力现代化的社会主义制度最终达到成熟和完善。很显然，对照这个时间表，我们还要做出不懈的努力。

在坚持和完善我国国家制度和治理体系中，党的领导、人民当家作主、依法治国三者紧密联系、相映生辉

记者：坚持和完善中国特色社会主义制度、推进国家治理体系和治理能力现代化，要坚持党的领导、人民当家作主、依法治国有机统一。如何看待三者在国家治理中的作用和关系？

许耀桐：坚持党的领导、人民当家作主、依法治国的有机统一，是坚持和完善中国特色社会主义制度、推进国家治理体系和治理能力现代化的题中应有之义，是全面建设国家制度的基本方略，是贯穿国家治理现代化始终的主旋律。在国家治理中，党的领导、人民当家作主、依法治国三者紧密联系、相映生辉。

在国家治理中，坚持党的集中统一领导最为重要。一是党的领导是中国人民在长期的革命和建设过程中做出的历史选择。这一事实和过程本身，不仅证实了党的领导的正当性与合法性，而且表明党与人民有着血肉联系和深厚的社会基础。二是党的领导是国家和人民构建中国特色社会主义的共同愿望，只有党才有伟大的胸怀和执政能力，才能组织近 14 亿人民有效地治理国家。三是党的领导既

是人民当家作主和依法治国沿着社会主义方向前进的指路明灯，又是组织和激发人民当家作主和依法治国的根本推动力。因此，在人民当家作主和依法治国中如果没有坚持党的领导，就不可能有"三统一"关系的存在。

在国家治理中，实现人民当家作主是根本目的。人民群众在中国特色社会主义各项事业中处于主体地位，起着主体作用，是国家治理的主人。从坚持党的领导来看，其最本质的内容就是党领导和组织人民当家作主。从依法治国来看，人民代表大会制度是保证人民当家作主的政治法律制度，人民通过法治的方式实现当家作主，人民以法治的方式治理国家，人民是依法治国的力量源泉。由此可见，正是为了实现人民当家作主，社会主义国家的治理理论坚决主张，必须保证在党的领导下，依照法律规定，人民群众通过各种途径和形式管理国家事务，管理经济文化事业，管理社会事务。

在国家治理中，只有依法治国才是唯一正确的途径。为此，党要尊重和支持人大依法行使职权，党中央关于国家治理的重大决策，凡是应该由全国人大决定的事项，都要提交全国人大经过法定程序变成国家意志。党的领导要遵从宪法和法律的要求，依据宪法和法律治理国家。同时，人民当家作主也有赖于依法治国。人民权益要靠法律保障，人民群众自身也要遵守法律，形成守法光荣、违法可耻的社会氛围，使全体人民都成为社会主义法治的忠实崇尚者、自觉遵守者、坚定捍卫者，国家治理才能呈现良善局面。

提高制度执行力，把我国制度优势更好转化为治理效能

记者：全会强调，加强系统治理、依法治理、综合治理、源头治理，把我国制度优势更好转化为国家治理效能。我们应该如何认识这"四个治理"？

许耀桐：实施国家治理必须讲究方法论，掌握正确的工作方法尤其重要。毛泽东曾形象地说："我们的任务是过河，但是没有桥或没有船就不能过。不解决桥或船的问题，过河就是一句空话。不解决方法问题，任务也只是瞎说一顿。"现在中央提出的系统治理、依法治理、综合治理、源头治理，就是四个重要的治理原则和方法，是将治理的制度优势转化为治理效能的不可或缺的中介。

系统治理，是运用系统性原则和方法进行的治理。国家治理是一项复杂的系统工程，要求运用系统论、工程学的观点去认识治理的各要素、各部分形成的结构，所处的层级，所产生的功能，以及它们之间互联互动的关系。着

眼于系统治理，就要加强顶层设计，统筹考虑、妥善处理国家治理在各领域、各层级、各方面的需求，进行系统性的改革和创新，获得治理的速度和效率。如果不讲治理的系统性，势必顾此失彼，乱了章法，陷入困境。

依法治理，是运用法治原则和方法进行的治理。依法治理是依法治国对治理实践的必然要求，是为了保证治理的各项工作都必须依法进行，实现国家治理的制度化、法治化。在治理过程中，一些党政干部法律意识淡薄，容易出现"什么法不法的，先干起来再说"的违法冲动行为，这是绝不能允许的。要提高各级干部运用法治思维和法治方式、发挥法治引领和推动作用的能力与水平。任何组织或个人都不得有超越宪法和法律的特权，绝不允许以言代法、以权压法、徇私枉法。

综合治理，是多个组织部门联手、运用多种方法手段对某一领域或某一专项工作开展治理。例如，社会治安就需要综合治理，如果只靠政法公安部门，单纯运用惩罚手段，很难取得整体效果，必须依靠法律、政治、经济、行政、教育、文化等多部门联合行动，也必须运用打击、防范、教育、管理、改造等多手段方能奏效。综合治理体现了事物固有的全局性、整体性特征。不谋全局者，不足谋一域，综合治理要求党政干部具有宽阔的视野，注重整体性，还要求各方面互相配合，坚持治理工作的整体推进和重点突破相结合。

源头治理，就是对治理对象抓住其本源问题进行彻底的整治。通俗地说，源头治理就是要治本、不能只治标。例如，生态环境中的水治理就需要源头治理，如果光进行中游、下游乃至末端治理，源头的污染没解决，流出来的水仍是脏的。不做源头治理，就无法使水变干净。治理水污染是这样，其他也是如此，都要抓源头治理。

治理还有很多的原则和方法，但中央提出的"四个治理"最重要、最普遍，在国家治理的实践中得到了广泛的应用。

记者：制度是治理之基，其生命力在于执行。您认为如何提高制度的执行力？

许耀桐：不可否认，在现实生活中存在着制度执行力不强的问题，我认为，分析起来主要有三个原因，针对这些原因，我们可以对症下药、予以克服。

首先，制度执行力不强是因为一些党政干部对出台的某项制度本身的规定、要求、精神等学习领会不够或者说一知半解。这样一来，不仅执行制度不到位、打了折扣，甚至会出现很大的偏差。对于这些干部，当务之急就是要抓好对制度的学习、培训，搞好教育、示范工作。

其次，制度执行力不强是因为一些党政干部缺乏执行和落实制度的所需要的具体方法、措施，找不到抓手，不知道该怎么办。这就需要我们为制度的贯彻执行出台相应的、具有可操作性的具体措施。

最后，制度执行力不强还因为责任追究和检查督促不到位。如果问责不严，就会造成制度执行和不执行一个样，执行的好和执行的不好一个样，久而久之，就没有人把制度的执行当回事了。此外，对制度的执行过程、结果，还要有强有力的检查督促。只有严肃责任追究，强化监督检查，才能真正提高制度的执行力。

（记者：王雅婧；来源：《中国纪检监察报》

2019 年 11 月 4 日）

党的领导是党和国家事业发展的
"定海神针"

——访中国社会科学院马克思主义研究院
副院长辛向阳

嘉宾简介

辛向阳，中国社会科学院马克思主义研究院副院长、中国特色社会主义理论体系研究中心副主任、习近平新时代中国特色社会主义思想研究中心执行副主任、世界社会主义研究中心副主任。著有《世纪之梦——中国人对民主与科学的百年追求》《马克思主义理论创新 30 年》《新世纪新阶段党的思想理论建设研究》《中国特色社会主义道路研究》等。

新中国成立七十年来，中国共产党领导人民创造了世所罕见的经济快速发展奇迹和社会长期稳定奇迹，中华民族迎来了从站起来、富起来到强起来的伟大飞跃，充分彰显了中国特色社会主义制度和国家治理体系的显著优势。实践证明，中国特色社会主义制度和国家治理体系是以马克思主义为指导、植根中国大地、具有深厚中华文化根基、深得人民拥护的制度和治理体系，是具有强大生命力和巨大优越性的制度和治理体系。

我们邀请到中国社会科学院马克思主义研究院副院长辛向阳，请他为我们解读为什么坚持党的集中统一领导是最显著的优势，如何坚持和完善党的领导制度体系。

在中国，任何一个重大的制度设计，
都离不开党的领导制度体系

记者：党的十九届四中全会总结了中国特色社会主义制度的显著优势，其中首要的是坚持党的集中统一领导，坚持党的科学理论，保持政治稳定，确保国家始终沿着社会主义方向前进。同时，全会强调要"坚持和完善党的领导制度体系"。对此，您如何理解？

辛向阳：中国共产党的领导是中国特色社会主义最本质的特征，也是中国特色社会主义制度的最大优势。中国的一切事情，包括中国特色社会主义事业的确立、坚持和发展以及将来的完善，都要在中国共产党的领导下进行。党的领导是党和国家事业发展的"定海神针"。离开了中国共产党的领导，就不可能有中国特色社会主义事业的持续兴旺发达，也不可能取得我们今天这样大的成就。坚持党的集中统一领导，这是我们国家几十年发展经验和发展规律的总结，只有长期坚持下去，才能确保我们国家能够应对未来的各种风险挑战，实现国家的长治久安。

现在我们把党的领导上升为一个制度体系，进一步突显了党的领导制度在中国特色社会主义制度体系和国家治理体系中的重要地位。只有坚持和完善党的领导制度体系，确保党的领导始终贯穿于国家治理的各个方面、各个环节，才能将坚持党的集中统一领导这一中国特色社会主义制度的显著优势转化为国家治理的强大效能。

事实上，在中国，任何一个重大的制度设计，都离不开党的领导制度体系。只有坚持和完善党的领导制度体系，其他的制度体系才能在此基础上真正地坚持好、完善好。

不忘初心、牢记使命是全体党员、干部的终身课题，必须要有一个长效机制来保障实施

记者：根据《决定》，坚持和完善党的领导制度体系，

第一个是要"建立不忘初心、牢记使命的制度"。在您看来，为什么将这项制度放在首位？把不忘初心、牢记使命作为加强党的建设的永恒课题和全体党员、干部的终身课题，形成长效机制，有何重要意义？

辛向阳：首先，思想建设是我们党一个很重要的基础性建设。打好了这个基础，我们其他的制度建设，包括组织建设、作风建设等就能更加顺利地、扎扎实实地开展起来。而建立这样一个制度并将其执行到位，能够激发制度的效能，有助于把我们党的思想建设落实到位，让我们党的思想建设有制度保障。

其次，不忘初心、牢记使命是加强党的建设的永恒课题和全体党员、干部的终身课题。坚守党的初心和使命，是加强和改进党的领导的前提，因此我们必须要有一个长效机制来保障实施。建立"不忘初心、牢记使命"的制度，就是把我们现在正在开展的不忘初心、牢记使命主题教育的成果固化下来，把它变成一个长效的制度化的要求。这本身就是一个创新。因为我们开展一次教育并不是为了一个短期的效果，而是要把活动中那些好的经验变成一个制度化的东西，要把"不忘初心、牢记使命"作为加强党的建设的永恒课题固化下来。在这一方面形成制度规范，它可以明确我们努力的方向，那么我们每个党员干部就知道我们应该去做些什么、应该怎么做，就可以沿着这个规范、沿着这个方向去不断地把自己的事情做好。

这里面有很多方面需要我们去考量，比如说确保全党遵守党章这一点。如何能够使全体党员自觉地遵守党章，恪守党的性质和宗旨？这一点需要在我们长期机制里去研究建立。如何把党章的要求转化为每一个党员的现实的要求，这就是我们长效机制需要解决的问题。

另外一个长效机制需要解决的就是我们党如何始终保持先进性和纯洁性的问题。要想始终保持先进性、纯洁性，那么就不是说开展一次教育能解决的，它需要通过长效机制来解决。所以在这个方面我们得建立一些相应的制度、体制机制。

只有党的凝聚力、战斗力提升了，我们整个国家治理水平才能有一个比较大的提升

记者：十九届四中全会提出要完善全面从严治党制度。在您看来，深化全面从严治党对于推进国家治理体系和治理能力现代化有何作用？如何看待二者之间的关系？

辛向阳：我们强调全面从严治党，实际上很重要的一点就是它能够不断地推进党的自我革命。

我们一直强调以党的自我革命来推动伟大社会革命，

如果我们党不能全面从严治党，不能自我革命，那么社会革命也就很难推进。所以我们通过全面从严治党，一方面不断完善我们党自身，提高我们党自我净化、自我完善、自我革新、自我提高的能力，深入带动整个社会的伟大革命不断往前推进。另外一方面，我们通过全面从严治党这个制度的完善，可以永葆党的先进性和纯洁性，使我们党的凝聚力和战斗力进一步提升。只有党的凝聚力、战斗力提升了，中国特色社会主义事业的发展，我们整个的国家治理水平才能有一个比较大的提升。因为我们的国家治理体系和治理能力，始终是建立在党的领导的基础之上。如果党的自我革命能力不强，一盘散沙，党的执政能力削弱了，国家治理也会受到极大的影响。从这个意义上讲，我们强调全面从严治党意义非常重大。

记者：我们应该如何理解科学执政、民主执政、依法执政这三者在党的领导制度体系建设和国家治理中的涵义？

辛向阳：衡量我们党执政水平很重要的三个方面，就是科学执政、民主执政和依法执政。这三者之间是紧密相连的，能够形成一个有机的整体。

科学执政，它有两个方面的含义很重要，一个就是以马克思主义科学理论为指导，同时紧密结合国情，根据时代的发展，不断地去完善和发展这套理论体系。还有就是遵循客观规律，不断深化对共产党执政规律、社会主义建设规律、人类社会发展规律的认识，然后让我们的执政顺应规律。

民主执政，强调的内容和我们党的性质是一致的，我们党是无产阶级政党，同时代表中国最广大人民的根本利益。所以我们的所有重大决策都是从人民利益这一根本立场出发的。这次全会也专门强调了健全为人民执政、靠人民执政的各项制度。所以民主执政就是要强调尊重民意、汇集民智、凝聚民力。

《决定》明确指出："把尊重民意、汇集民智、凝聚民力、改善民生贯穿党治国理政全部工作之中，巩固党执政的阶级基础，厚植党执政的群众基础，通过完善制度保证人民在国家治理中的主体地位，着力防范脱离群众的危险。"事实上，我们党作出的重大决策确实是建立在民主基础上的，这个民主既包括党内民主，也包括我们强调的人民民主，这是两个民主的统一。所以我们在国家治理的过程中，要发挥人民群众的主体地位，要防范脱离群众的危险，贯彻群众路线，进行科学的调查研究，知道人民在想什么，人民群众要什么，把重大决策建立在民意基础之上。

依法执政，我们一直强调我们要建设社会主义法治国家，一直把法治放在很突出的位置来强调。这个依法执政的能力，跟我们的法治建设是紧密联系在一起的。看我们党的执政能力，很大的程度上就是看我们依法执政的能力，所以我们不断推进法治体系建设，建设社会主义法治国家，不断提高我们党按照法治来解决问题的能力，推动发展我们的法治思维、法治方式，通过这些方面来深化我们的改革，来化解我们的矛盾，应对风险挑战，等等。

记者：提高党科学执政、民主执政、依法执政水平，对党的执政方式和领导方式提出了要求。新时代如何改进党的领导方式和执政方式？

辛向阳：我觉得执政方式的改进，有几个方面：

一个就是要从过去我们更多的总结经验的一种方式转向更加深入地把握客观规律。过去我们应该说总结了很多好的经验，但是仅仅总结经验我觉得是不够的，必须在经验的基础上深入到事物内部，找到它的规律认识。因为现在我们强调科学执政，那么我们就得有科学的思维，而科学的思维很重要的一点就是强调我们去认识经济、社会、自然界、人类思维发展的各种规律性的东西，通过总结经验，把它上升为规律性认识，在此基础上，去解决我们面临的问题。

再一个就是我们要强化党员干部的宗旨意识，坚持人民立场。比如提高党员干部集中民意的水平。这个方面也是一个很重要的要求。《决定》指出："必须坚持人民主体地位，坚定不移走中国特色社会主义政治发展道路，健全民主制度，丰富民主形式，拓宽民主渠道，依法实行民主选举、民主协商、民主决策、民主管理、民主监督，使各方面制度和国家治理更好体现人民意志、保障人民权益、激发人民创造，确保人民依法通过各种途径和形式管理国家事务，管理经济文化事业，管理社会事务。"干部要树立人民至上的意识、人民主体地位的意识。

另外一方面是要提高我们过去一直强调的法治思维，也就是要善于用我们已经制定的法律法规制度来解决问题，在法律、制度的框架内，来解决遇到的难题。

（记者：王雅婧；来源：《中国纪检监察报》
2019 年 11 月 18 日）

第四章

文化自信

文化底蕴使我们凝结为一个共同体

——访中国政法大学终身教授李德顺

嘉宾简介

李德顺，中国政法大学终身教授，人文学院名誉院长，法治文化专业博士生导师。曾应邀赴国外多所大学及研究所等讲学，并被国内多所高校和科研机构聘为客座教授、特聘研究员。享受国务院政府特殊津贴。主要研究领域包括哲学原理、当代文化、法治文化。个人著作有《与改革同行——中国特色社会主义的哲学理路之思》《精神家园：新文化论纲》《我们时代的人文精神——当代中国价值哲学的建构及其意义》等。

文化是一个国家、一个民族的灵魂。没有高度的文化自信，没有文化的繁荣兴盛，就没有中华民族伟大复兴。党的十八大以来，习近平总书记在多个场合强调文化自信的重要性，指出"文化自信，是更基础、更广泛、更深厚的自信"。那么，我们坚持文化自信的依据在哪里？新时代保持文化自信，首先要解决的问题是什么？中国政法大学李德顺教授为我们深入解读。

举凡为民族生存发展所必需的事务，中国人都能保持"自强不息、厚德载物"的不变精神

记者：习近平总书记指出："我们要坚持道路自信、理论自信、制度自信，最根本的还有一个文化自信。"为什么说文化自信最根本？

李德顺：这要从什么是"文化"谈起。从哲学上看，说到底，文化就是"人化"和"化人"。"人化"是按人的方式改变、改造世界，使任何事物都带上人文的性质；"化人"是反过来，再用这些改造世界的成果来培养人、装备人、提高人，使人的发展更全面、更自由。所以说，"化人"是"人化"的一个更高层次的环节、境界和成果。

就是说，文化本质上不简单指人改造世界的过程和结果，而是指人改造世界的方式及内在逻辑。文化的这一本

质特征，学术上把它概括为"人的生存发展方式"或"人的生活样式"。这种"生存发展方式"或"生活样式"内在于人的生产生活的各个领域和层面，引导和决定着不同民族和国家的风格与面貌。

中华民族经历了几千年的积累，形成了自己的生存发展方式和生活样式，我们可以称之为文化底蕴。这种文化底蕴，使大部分社会成员形成了基本一致的价值取向和行为规范，凝结成一个有着共同理想与目标的共同体。这是造就我们形成今天的制度和理论的内在条件，也是促使我们选择中国特色社会主义道路的历史根据。因为我们选择什么样的道路和制度，是由我们的理想和目标决定的。因此，我们对自己的道路、理论和制度的自信，其基础正是对我们自身文化的自信。由此，我们说文化自信是最根本的自信。

记者：您曾讲过，自信是一种精神心理状态，必须有一定的现实基础和条件支撑才能充实而坚定。在您看来，中华民族的文化之所以应该自信，或者说能够自信，依据是什么？

李德顺：中华民族之所以应该和能够自信，主要理由有两点：一是对中华民族主体的历史和现实的清醒自我认同，二是站在中华民族主体的立场上，敢于担当，做好应对任何挑战的心理准备。

清醒的自我认同，绝不是孤芳自赏、妄自尊大，而是在全球化的视野下，自觉保持中华民族的文化主体意识。每一种文化都有它特有的品格。中华民族几千年来积累的辉煌成果与经验，以及中华文明核心精神的代代传承，是我们坚持文化自信的基础。在中华民族的发展历程中，不光有许多值得骄傲的成就和辉煌，也有诸多曲折和磨难。但中华民族最终总能浴火重生、发展壮大、再度崛起。这是因为，举凡为民族生存发展所必需的，我们中国人都能保持"自强不息、厚德载物"的不变精神，做出与时俱进的改变，使自己走上新的发展道路。我国改革开放40多年来所取得的伟大成就，再度彰显了这一文化基因所具有的强大生命力和创造力。

再扩大来说，我们的文化自信，来自民族主体对于自己生存发展的权利和责任有足够的自觉，对于人类的命运和光明前途有坚定的信念，对于自己担当使命的决心和能力有充分的准备。这些信念要素，构成了我们文化自信的主干。

只有为实现中华民族伟大复兴而不懈奋斗，才能展现真正的自信气度

记者：您觉得，新时代我们保持文化自信，首先要解

决的问题是什么？

李德顺：个人以为，新时代我们保持文化自信，首先要在民族认同、历史认同的基础上，确立自觉的主体担当意识。这种文化自信，是对我们自己的主体、历史与文化的认同。

这里的主体，是指历经无数劫难而愈显生命力，如今已有近 14 亿人口、56 个民族的中华民族整体。当我们说"我们中国"时，不能忘记中华民族的由来和经历，不要轻率地割裂这个整体，不可仅仅用历史上某个时段、某个区域、某种样态或某个流派的荣辱得失，来代表这个伟大的主体。否则，或者会因某种一时的苦难，或者会因某种一时的辉煌，而忘记了真实的历史，只看见"搽了粉的脸蛋"，看不见民族的"脊梁"，从而失去踏实的自我。

主体认同基础上的历史和文化认同，就是正确地总结历史经验教训，充分认识无论过去、现在和将来的得失成败，都是我们中国人自己的权利和责任。我们是中国人，骨子里流的是中国传统文化的血液。因此对传统文化无论颂扬还是反思，无论赞美还是批判，无论改造还是创新，都是我们自己的权利和责任。

保持文化自信，首要的问题是要重新自觉地把握文化的主体性尺度。具体说，我们要积极培育健全的主体意识，坚定地站在中华民族主体的立场上，实事求是地正视自己的文化传统，理解并珍视自己的历史和现实，自觉担当起中国人作为中华文化主体的权利与责任。"自信"不应该是一个口号化的字眼。我们应有自信的表现，不是把这个口号多喊几遍，归根到底是要自觉地把这些权利和责任担当起来。真正的自信，不是自我封闭，也不是自以为是，唯有实事求是，直面现实，既不回避困难也不随波逐流，为实现中华民族伟大复兴这一目标而不懈奋斗，才能展现真正的自信气度。

法治文化是法治中国应有的文化面貌

记者：法治文化是您的研究领域。近年来，我国民主法治建设迈出重大步伐。请您谈谈建设法治文化的意义。

李德顺：我们需要充分认识法治文化在整个中国特色社会主义事业中的根本性质、地位和意义。

首先，法治文化是法治中国应有的文化面貌。法治文化意味着使法治不仅仅是国家治理和社会治理的基本方略，而且成为人民所依靠、信任、习惯的生活方式和思维方式。如果说法治中国所构筑的是中国特色社会主义的政治制度基础，那么法治文化作为中国特色社会主义的文化面貌，则是这一基础上必然绽放的文化花朵和最终结成的文明果实。

其次，法治文化是中华优秀传统文化走向现代化的新形态。正如习近平总书记所说："我国今天的国家治理体系，是在我国历史传承、文化传统、经济社会发展的基础上长期发展、渐进改进、内生性演化的结果。"要把它当作继承和弘扬中华优秀传统文化的一种当代提升。

再次，法治文化充分彰显社会主义核心价值观。中共中央《关于培育和践行社会主义核心价值观的意见》强调了培育社会主义法治文化对于培育和践行社会主义核心价值观的重要作用，提出要"注重把社会主义核心价值观相关要求上升为具体法律规定，充分发挥法律的规范、引导、保障、促进作用"等。这一意见包含了"文化法治化"和"法治文化化"的双重指向，二者之间具有不可分割的内在联系。

最后，建设法治文化是一项深刻持久的公共文化事业。任何文化体系都涉及其思想理论、制度体制、规则规范、风俗习惯等多重社会结构和现象，法治文化则追求以法治为特征的整体统一面貌。如何让法治精神、法治思维、法治方式和法治效果渗透于社会生活的方方面面，正是法治文化建设和研究所要解决的问题。

记者：您曾说过，我们要走中国特色社会主义道路，要建设"法治中国",而马克思主义中国化的历史经验和教训是中国特色社会主义法治体系的一个重要思想来源。您能否就此阐释一下?

李德顺:构建中国特色社会主义法治体系,并非一种突发奇想的主观愿望,它有三个基础深厚的思想来源:第一个是中国传统文化里的法制思想,如法家主要是以"刑治"为主的法制思想,儒家是以"礼"代"法"、"德主刑辅"的法制思想等。用现在的眼光看,都还不是"法治"的法,而是"人治"的法。但首先必须承认,我们历史上确实形成了一定特色的"中华法系"(中国古代封建法律体系)传统。

第二个是西方的法治理论和实践经验。西方有些国家在法治方面有很多历史经验。但西方并非只有一种模式,如"(欧洲)大陆法系"和"英美法系",也都有自己的历史性和地方性特色。需要注意的是,当前,我们吸收借鉴中国古代及国外法文化资源,要做到"以我为主",批判地、扬弃地分析、转化和吸收,而不能以照抄照搬的方式简单处理。

第三个是在马克思主义中国化的进程中,即当代中国人自己的实践中积累起来的正反两方面经验。过去我们追随苏联,以为"维辛斯基法学"代表了马克思主义的法学理论体系,其实它并不符合马克思主义的本意。如今,我们通过理论上的正本清源，正在回到马克思主义的轨道上来。

充分表达好中国的文化底蕴

记者：如何让世界更好地读懂中国，在这方面您有哪些思考？

李德顺：首先，我们要充分总结和表达好改革开放以来尤其是党的十八大以来中国的历史进程及其文化底蕴，形成真正反映今日中国面貌的"中国话语"。

在形成自己话语的基础上，我们也要勇敢地"走出去"，让我们的思想文化界学会与国外同行们进行"合作式对话"。所谓"合作式对话"，是基于对文化多元性的承认和理解，保持对话者之间的独立平等，完全着眼于对公共问题的关注。让对问题的理解和回答问题的愿望，而不是一定要争出个高下的冲动，成为对话的共同基础和动力。

在这样的对话情境中，必然会有针对性地挖掘整理各自的文化资源，在更有效地展示不同文化的成果、风格和特色同时，也能够彼此加深理解，找到彼此间的"共同点"和"衔接口"，互相借鉴，切磋琢磨，合作共赢，从而形成有深度的、建设性的共识，推动思考向着对双方都有益的高度提升。

（记者：王雅婧；来源：《中国纪检监察报》2019 年 8 月 12 日）

中华文明复兴是历史的必然

——访《文汇报》高级记者、研究员郑若麟

> **嘉宾简介**
>
> 郑若麟，文汇报高级记者，研究员。现为文汇报国际评论专栏撰稿人。1990 年至 2013 年任文汇报常驻巴黎和欧洲记者，常驻法国超过二十年。他的国际评论曾获中国新闻奖等多项全国性新闻奖和上海新闻奖等地方新闻奖。他的许多作品被法新社、BBC 等外国传媒翻译成英、法文转载和评论。

作为《文汇报》常驻法国巴黎和欧洲的资深记者，郑若麟在法国工作生活了 20 多年。其间，他用西方人能够理解和接受的方式来讲述中国，让更多的法国人读懂中国。回国后，他通过电视节目等方式，为观众讲述如何跳出西

方的话语体系来看待中华文明，让更多的中国人读懂自己，坚定"四个自信"。

为什么说中华文明的复兴势不可挡，我们应该怎样坚定文化自信？郑若麟进行了深入解读。

用事实讲好中国故事

记者：您此前作为《文汇报》常驻巴黎和欧洲记者，经常在法国媒体上发表有关中国的文章，并应邀参加有关中国问题讨论，受到广泛关注和好评。您是如何向世界讲述今日之中国的？

郑若麟：今日世界、特别是西方最不了解中国的地方，就是不明白中国到底是如何崛起的。他们用西方的观念、概念和理论，来观察中国的政治、中国的经济、中国的文化、中国的社会……却不明白预测为什么都一一落空。

虽然他们所谓的"预测"五花八门，但万变不离其宗：如果中国不采用西方的政治体制的话，那么要么中国崩溃、要么中国衰退、要么中国变成一个"法西斯国家"……总之，中国是不可能像今天这样既发展发达，又和谐稳定。因此我就一直在思考，我们究竟应该如何向西方介绍中国的成功。最后我得出了四个结论。

首先，一定要尽可能详尽地介绍中国共产党。中国共产党不是西方的政党。西方的政党，一定是某个利益阶级的代表。因此每个政党都只是代表社会各阶层中某一阶层的利益。因此他们需要多党制、需要轮流执政，来轮流为法国各社会阶层谋利。

法国社会党在 2017 年大选时，登记党员一共也就二十来万。用西方的概念，二十来万党员的党，统治一个 6000 多万人口的国家，当然是不合适的，具有某种"独裁"的性质。但中国共产党 9000 多万名党员，代表的是中国所有各个阶层，即全体人民的利益，无论是从比例还是从代表性来看，都是法国政党无法相比的。法国所有政党党员全部加起来也不到百万，其代表性远不如中国共产党。每次我将这个道理讲清楚时，他们也立即明白，指责中国一党执政"不民主"，绝对是荒诞无稽的。

其次，要介绍中国历史，特别是近代中国半殖民地半封建社会的历史，让西方民众明白，中国是在怎样的历史困境中，艰难地通过浴血奋斗才获得今天的伟大成就的。很多西方人并没有真正意识到，西方殖民主义对世界其他非工业化国家而言，是多么严重的历史性灾难。

再次，要介绍中国的自然环境。法国和欧洲国家，以及美国等西方发达国家，都拥有上佳的自然环境。大片

的优质可耕地、一年四季的风调雨顺、适宜人类居住的
环境，使他们无法认识和理解一个仅有 7%的可耕地的国
家，是如何养活近 20%的世界人口的。这一点，我在法
国给当地公众介绍的时候，很多法国人都感叹：原来如
此，中国真是太不容易了！很多法国人对中国的看法由此
改变。

最后，要讲好今天中国人的个人故事。中国的每一个
人都是一个故事。而这种个人的故事是最打动人的。中国
今天的个人故事大多是美好的、成功的故事。我在用法
语直接撰写的《与你一样的中国人》（Les Chinois sont des
hommes comme les autres）里，就讲述了很多普通中国人
的故事，效果显然是非常好的。

讲好中国故事有很多方式方法，也有很多成功的例
子。我个人的经验是，一定要讲事实。事实才是打动人心
的最重要因素。我曾经在法国一次讲座中，将中法两国
在 2008 年时的现状进行了非常详尽的比较。这样的比较，
显示出中国还落后于法国，中国还是一个发展中国家；但
是当我将中国从 1978 年到 2008 年的进步展现给法国人
时，他们立即就明白了，必须以历史的发展的目光去认识
中国、理解中国，也明白了中国的不易、中国的进步。

中华文明的复兴势不可挡

记者：您多次参加法国电台、电视台等媒体有关中国问题的讨论和辩论，并强调"中华文明的复兴可以说是势不可挡的，而且是历史的必然"，为什么这样讲？

郑若麟：世界上的一切事务，都要通过比较，才能得到一个比较确切的答案。中华文明的复兴势不可挡，而且是历史的必然，并不是我随口而谈的，而是在与当今世界最发达、最富裕的国家群相比较之后，才得出的一个结论，我认为是完全符合事实的结论。这个结论与很多国内外的专家、学者们的看法是一致的。

在与一批所谓的"汉学家"和"中国问题专家"进行激烈辩论后，我的观点说服了一批又一批的法国听众、观众和读者，最终一家法国出版社约我直接用法语撰写了一本有关今天中国的书。这本书后来以《与你一样的中国人》为书名，在法国出版发行。当时，有很多电视台、电台和纸质媒体介绍了我的这本书。

我在辩论中一直强调甚至可以说是反复强调的，就是"中华文明的复兴势不可挡"，完全是因为中国是由一个强大的政党——中国共产党领导，拥有一支足以战胜任何试图在军事上征服中国的军队，拥有非常自由、蓬勃的经济贸易和完全独立自主的金融体系，以及非常勤劳的人民。而这几点，迄今为止西方和法国并不了解，更谈不上认同。

所以，尽管今天的法国开始讨论，为什么中国近二十年会发展得这么快，但这种讨论其实是"中国威胁论"的另一个翻版。西方对中国一直是轮流使用"中国威胁论"和"中国崩溃论"这两大版本的。目前似乎正轮到"中国威胁论"时期。

中国在历史上是一个强大的国家，在近代工业化进程中落后。如今，我们有着重新崛起的一切必要因素，中华民族、中华文明的所有优势，都在一一被重新评估、更加凸显。所以，中华文明的复兴势不可挡，而且是历史的必然！

筑起文化自信的新长城

记者：您在电视节目《中国正在说》中谈到"筑起文化自信的新长城"，您认为我们应该怎样坚定文化自信？

郑若麟：首先要警惕西方无时无刻不在对我们进行的"精神征服"。我们中华文明是一种开放的文明，从来不拒绝来自西方或来自其他各类文明的文化和精神产品。但是，我们需要警惕的，是在这个世界上，有些文明具有一种征服特性；这种征服特性使得某些文明或多或少、或远或近、或明或暗地带有从精神上来改造其他文明麾下民众的脑子的"使命"。

文化自信的一个非常重要的因素，就是要有"知彼"的意愿和"知彼"的能力。只有真正认识了西方，我们才能建立对我们自己文化的自信。但要做到"知彼"是非常困难的。在这里，我要呼吁我们的媒体，要勇敢地承担起"知彼"的历史重任。

所以，要树立真正有价值的文化自信，必须从"知彼"做起，这样我们才能取长补短，既看到对方的优点，也看到对方的缺点；同样，也看到自身的弱点，但也看到自己的优势，这样才能真正建立起无懈可击的文化自信。今天我们有了一个莫大的优势，就是40多年来，我们经济的高速发展，正在日复一日地印证，我们的政治体制是最适合我们国家、人民和历史的发展模式。这一事实对我们建立起文化自信，将会起到非常重要的推动作用。因此，文化自信就在我们面前，伸手可及。

记者：当前，我们面临的国际形势日趋错综复杂，人们也往往会将西方道路与中国道路放在一起对比。您认为应该如何在国际视野下看待中国道路和中国模式？

郑若麟：这里涉及的是如何建立起一个用以相互比较的坐标系的问题。我个人认为，在发展模式领域，世界没有一个可以放之四海而皆准的坐标系；西方的一切，与中国的一切相比较，差异性非常明显。问题在于，用在中国身上是正确的东西，如果搬到西方去就很有可能是错误的；反之亦然。这正是形成中国道路、中国模式的一个特殊的地方。

西方发达国家的政治体制基本上都是类似的，而且它们之间在宗教信仰、历史甚至人种方面也是类似的。中国却与它们完全不同。问题在于，西方人不理解的是，中国体制与当年苏联和其他社会主义国家也不同。中国道路、中国模式就是一种中国人在中国文化传统背景下实现的发展道路、发展模式。因此，我们需要说明的，恰恰是这种特殊性同时还形成了中国道路、中国发展模式的借鉴意义。

我相信，一旦这一点为世界所理解的话，中国道路、中国模式的魅力就会是无穷的。

（记者：姜永斌、陈金来；来源：《中国纪检监察报》2019 年 8 月 5 日）

中国道路蕴含着中华民族的气质与文化

——访中共中央党校（国家行政学院）教授王杰

嘉宾简介

王杰，中共中央党校（国家行政学院）哲学部教授、博士生导师，中央电视台《百家讲坛》系列特别节目《平"语"近人——习近平总书记用典》主讲嘉宾，中共中央宣传部核心价值观百场讲坛宣讲人之一。出版专著《先秦儒家政治思想论稿》等，主编《领导干部国学公开课》《新时代领导干部政德公开课》。

文化是一个国家、一个民族的灵魂。源远流长、灿烂辉煌的中华文明，塑造了中华民族独有的文化特征和民族气质，也赋予了中国道路以根基与自信。中华民族具有怎样的文化特征和民族气质？这种文化特征和民族气质对中国自身道路的选择有什么影响？围绕这些问题，王杰教授进行了深入解读，从文化的角度来解读中国道路与中国梦。

中华民族坚强勇敢的民族气质，使中华文化数千年来始终充满强大生命力

记者：世界上的每个民族、每个国家都有自己独特的文化，每个民族、每个国家的文化特征和民族气质也都各不相同。在您看来，中华民族具有怎样的文化特征和民族气质？

王杰：中华文明历史悠久，与中华文明年龄相近的其他古代文明，如古巴比伦文明、古埃及文明等都中断过，有的甚至消亡了。唯有中华文明延续至今，赓续不断。中华文明凭什么能独领风骚，一直延续下来呢？与中华民族特有的文化特征和民族气质有关。

首先，中华文化极具生命力和创造性。特征之一是倡导终身学习。中国是一个"诗书礼仪"大国。自古以来，凡是成就大事业者都是终身读书、终身学习的人，几乎无一例外。比如孔子"吾十有五而志于学"，就是活到老、学到老。特征之二是变通性。"穷则变，变则通，通则久"。中国人在复杂、变化的社会环境中能够努力做到"知常达

变"，来寻求一种合适的生存方式。同时也体现出"日新"和"时变"的意识，既守文化大道之正，也依据世事变化与时俱进，这也是"创造性转化""创新性发展"思想的传统文化源头。创新是一个民族进步的灵魂，是一个国家兴旺发达的不竭源泉，也是中华民族最鲜明的民族禀赋。特征之三是传承性。一个民族的文化不仅要源远，还要流长；不仅要有传统性，还要有现代性。不能只依靠祖先的荫庇，还要靠子孙后代去发展和创造。中华民族通过一系列家风、家训，使中华优秀传统文化一代代传承下去。更重要的是，中华民族坚强勇敢的民族气质，使中华文化数千年来历经无数风暴洗礼，仍能"历久弥坚，不坠青云之志"，始终充满强大生命力。

其次，中华文化强调和谐共生。中华文化要求我们与天地万物和谐相处，道法自然。这种文化特征使得我们在处理国内、国际关系时讲究"和""中"，不走极端，中华民族的血脉中没有霸权和掠夺的基因，中国在历史上也没有侵略和殖民其他国家的记录，我们寻求的是互惠互利、合作共赢。这也体现出中华民族的包容性、亲和意识。

再次，中华文化注重个人修养。做人有底线，对自己，希望通过"修齐治平"，做一个内在道德修养和外在"开物成务""建功立业"相统一的君子；对他人的态度则是仁、义、礼、智、信。孟子说，"人之所以异于禽兽者几希"，意思是人与禽兽区分只有一点点，而这最关键的一点就在于有没有文化道德修养。这种修养体现在中华民族的"家国情怀"上，就是无数仁人志士秉承的"为天地立心，为生民立命，为往圣继绝学，为万世开太平"的坚定信念。

自强不息、厚德载物的民族气质早已融入中国道路选择及实践的方方面面

记者：这种文化特征和民族气质对中国自身道路的选择有什么影响？

王杰：中国特色社会主义道路不是凭空产生的，是中国共产党在新时期领导人民坚持改革开放的直接产物，是中华民族在长期历史进程中奋斗求索的必然结果。中国共产党开辟中国特色社会主义道路与我国的历史传承和文化特征有密不可分的关系。

其一，中国道路的选择坚持知行合一、实事求是的原则。中华文化很早就有知行合一、实事求是的重要思想。"实事求是"最早见于班固所著《汉书·河间献王传》。古人提出的"实事求是"，被中国共产党人所推崇，并赋予其新的内涵。中国道路的选择始终坚持实事求是原则。

其二，中国道路的选择坚持"民惟邦本，本固邦宁"的价值取向。坚持人民主体地位，是中国道路的本质特征。在中华文化中，"为政以德"是十分重要的价值观。"德政"文化的核心内涵就是强调"民惟邦本，本固邦宁"。中国道路的成功选择，根本因素就在于中国共产党紧紧依靠人民的力量、融汇人民的智慧；中国道路的不断拓展，根本动力就在于充分发挥人民的智慧和创造精神；中国道路的重大价值，就在于这是一条造福人民、不断增进人民福祉之路。

其三，中国道路的选择以小康社会为理想追求。中国儒家思想经典《礼记·礼运》中描绘了理想化的小康社会。我们党以高度的政治智慧，将这一概念引入改革开放和社会主义现代化建设，提出"三步走"战略，生动表达了中华民族的雄心壮志，赋予中国道路基础性价值内涵。从小康社会、大同世界到"两个一百年"奋斗目标和中华民族伟大复兴的中国梦，生动展示了中华文化特征的内在品质和恒久生命力。

其四，中国道路的选择以自强不息、厚德载物的民族气质为支撑。自强不息是中华民族的宝贵精神品格，体现在个人价值方面，就是自我超越、持之以恒；体现在社会价值方面，就是锐意进取、革故鼎新；体现在国家价值方面，就是发愤图强、民族振兴。厚德载物与自强不息相辅相成。厚德载物，就是要有宽广的胸怀、包容万物、博采众长。自强不息、厚德载物的民族气质早已融入中国道路选择及实践的方方面面，成为中国特色社会主义道路具有旺盛生命力的精神支撑。

中国梦的提出，体现出中华文化的众多优秀品性和先进思想

记者：实现中华民族伟大复兴的中国梦是近代以来中华民族最伟大的梦想。如何从文化的角度来理解提出中国梦的意义？

王杰：中国梦的提出，体现出中华文化的兼容并蓄和团结性。"中国梦"不是一般意义上的梦想，而是一种特定的、整体性的思想意识和目标指向，是思想意识和目标指向的高度融合统一，是中华民族万众一心、努力奋斗的共同理想。它最大限度地兼顾和包容了各族人民的根本利益，让广大人民群众，都能从民族复兴的光明前景中看到自身利益所在，都能从国家富强、民族振兴中实现自身的幸福生活，从而有利于把全国人民更好地凝结成"利益共同体"和"命运共同体"，焕发出实现共同理想、共同目标、共同事业所需的强大凝聚力。

中国梦的提出，更加强调"天下大同"的情怀。中国梦与世界各国人民的美好梦想之间，是相连相通、相互补充的。这正是中华文化中"各美其美，美人之美，美美与共，天下大同"思想的真实写照。中国梦同世界梦之间深度融合，国际社会日益成为一个你中有我、我中有你的命运共同体。"万物并育而不相害，道并行而不相悖。"中国的发展离不开世界，世界的发展也需要中国。中国人民与各国人民加强团结合作和交流，加强相互支持和帮助，努力实现我们各自的梦想，并在此基础上，推动实现各国人民大发展、共同繁荣的世界梦。

中国梦的提出，体现出中华文化的延续性，源远流长。一个民族的文化是否具有强大的生命力，不仅要有传统性，更要有现代性。中国梦将中国文明史与中共党史、新中国史结合起来，把中华优秀传统文化、革命文化和社会主义先进文化结合起来，把中华民族的长期奋斗与中国特色社会主义建设事业结合起来，把中华民族的伟大复兴与中国共产党的自觉担当结合起来，从而得以在一个历史长轴上进行定位，使中华民族伟大复兴具有一种历史纵深、历史厚重，也赋予我们一份沉甸甸的历史责任。

中国梦的提出，体现出中华民族奋勇拼搏、自强不息的民族精神。文化自信的本质是民族自信。中国梦描绘了民族复兴的光明前景，表达了中华民族万众一心、勠力奋斗的共同理想，并给当代中国社会和中国人民树立了一个既有憧憬有超越又看得见摸得着的目标，必将激发全党全国人民投身中国特色社会主义伟大事业的壮志豪情。

中国梦的提出，生动诠释出中华文化"知行合一"思想。按照现代哲学的理解，中国梦是一个具有"实践观念"形态的创新性概念，具有鲜明实践性的观念，是实践的观念形态。其本身是知行并重、知行并进，是真知和力行的统一。

记者：中华优秀传统文化塑造了中国人独有的价值理念，比如"家国情怀""修身齐家"等。这些价值观念对于我们今天社会发展，对于实现中华民族伟大复兴中国梦有怎样的作用？

王杰：中华优秀传统文化就是我们的根本，它支撑着中华民族生生不息、薪火相传，这一文化血脉是我们建设社会主义文化强国最强大的文化基因。它所塑造的中国人独有的价值观念，对于我们今天社会的发展及中国梦的实现，具有重大的推动作用。

为中国共产党治国理政提供了重要的思想借鉴。比如，关于天下为公的价值理念，关于自强不息、厚德载物的价值理念，关于以民为本、安民富民乐民的价值理念，关于为政以德、政者正也的价值理念，关于清廉从政、勤勉奉公的价值理念，关于和而不同、和谐相处的价值理念等。这些重要思想为中国共产党长期执政、执好政，领导人民夺取中国特色社会主义伟大胜利，实现中华民族伟大复兴的中国梦提供了重要的思想借鉴。

为中国社会发展进步提供了重要的精神力量。中华优秀传统文化记载了中华民族自古以来在建设家园的奋斗中开展的精神活动、进行的理性思考、创造的思想成果，是中华民族生生不息、发展壮大的思想滋养。习近平总书记曾深刻指出："包括儒家思想在内的中国传统思想文化中的优秀成分，对中华文明形成并延续发展几千年而从未中断，对形成和维护中国团结统一的政治局面，对形成和巩固中国多民族和合一体的大家庭，对形成和丰富中华民族精神，对激励中华儿女维护民族独立、反抗外来侵略，对推动中国社会发展进步、促进中国社会利益和社会关系平衡，都发挥了十分重要的作用。"

有助于提高个人的道德修养，营造风清气正的社会生态。比如，作为子女，要讲"孝"，既要孝顺父母，同时还要兄弟友爱、夫妻和睦，营造良好的家庭氛围；作为国家公民，对待国家应报之以"忠"，继承忠于国家民族的优良传统，要树立爱国意识，怀忧国之心，立报国之志，行为国之举；作为普通人，人情世故应报之以"和"。我们每个人都要努力追求身与心的和谐，培养"不以物喜，不以已悲"的胸怀，磨砺"不亢不卑，不骄不谄"的心境。同时追求人与自然的和谐，促进人与自然和谐共生。以上这些价值理念都将修身作为重要内容和目标，培育自身良好品质，提升道德修养。

中国道路、中国理论、中国制度的成功带来的
辉煌成就，也是文化底气的重要保证

记者：以前一些人觉得"外国的月亮比较圆"，而现在我们开始强调"文化自信"，重新认识到我们自己文化的价值。在您看来，这种自信的底气源自哪里？

王杰：来源于博大精深、辉煌灿烂的中华优秀传统文化。中华民族拥有 5000 多年的文明史，中华优秀传统文化博大精深，包含了极其丰富的符合自然规律和社会规律的内容，如"先天下之忧而忧，后天下之乐而乐"的爱国情操，"天下大同"的人类情怀，"修齐治平"的自我修养，"民惟邦本"的政治理念，"民贵君轻"的民本思想等，是从不同角度阐述的关于人与万物、治国理政、立德修身相辅相成的大智慧。

来源于党领导人民在革命、建设、改革中创造的革命文化。没有中国共产党领导的革命取得胜利，就不可能有

新中国，我们也就不可能找到重新树立文化自信的道路，因此坚持中国共产党的领导，就是我们坚持文化自信，坚持文化复兴最重要的底气来源。

来源于坚持以马克思主义为指导、凝聚人类文明成果、融合中华优秀传统文化的社会主义先进文化。在中国共产党领导中国人民进行社会主义建设和改革的伟大实践中，马克思主义中国化早已成为中国当代文化的内在灵魂和指导思想。同时，中国道路、中国理论、中国制度的成功使中国从"一穷二白"变为世界第二大经济体并日益走近世界舞台的中央，这些辉煌的成就无不是文化底气的重要保证。

（记者：王雅婧；来源：《中国纪检监察报》2019 年 9 月 16 日）

第五章

讲好中国故事

让世界倾听更多的中国声音　//黄友义

坚定"四个自信"　讲好中国故事　//刘晓明

让世界倾听更多的中国声音

——访中国外文出版发行事业局原副局长兼总编辑黄友义

嘉宾简介

黄友义，中国外文出版发行事业局原副局长兼总编辑、中国互联网新闻中心主任。中国译协副会长，中国翻译研究院副院长。长期从事翻译、出版、互联网传播、国际交流，参加过党政文献对外翻译。曾任中美大型合作出版项目"中国文化与文明"中方总协调人。

今年是中国外文局成立 70 周年，习近平总书记近日在致中国外文局成立 70 周年的贺信中指出："希望中国外文局以建局 70 周年为新的起点，把握时代大势，发扬优良传统，坚持守正创新，加快融合发展，不断提升国际传播能力和水平，努力建设世界一流、具有强大综合实力的国际传播机构，更好向世界介绍新时代的中国，更好展现真实、立体、全面的中国，为中国走向世界、世界读懂中国作出新的更大的贡献。"如何讲好中国故事、传播中国声音、提升中国话语国际影响力？围绕这些问题，中国外文出版发行事业局原副局长兼总编辑黄友义为我们一一解答。

中国越是发展，国际影响力越是增强，越需要讲好自己的故事

记者：习近平总书记在致中国外文局成立70周年的贺信中指出，希望中国外文局更好向世界介绍新时代的中国，更好展现真实、立体、全面的中国，为中国走向世界、世界读懂中国作出新的更大的贡献。在您看来，当前，讲好中国故事、传播好中国声音的意义在哪里？

黄友义：随着中国国际影响力的日益增强，世界越来越需要中国，中国也离不开世界。尤其是中国经济规模持续增长，引起世界瞩目的当下，更需要我们向世界讲好自己的故事，帮助世界了解中国。

无论是在发达国家还是在发展中国家，都有许多人对

中国在国际舞台上发挥自身作用、做出更大贡献寄予厚望。但同时，也有一些人对中国怀有偏见，对中国的发展存有质疑，而他们中有很大一部分是因为对中国缺乏真正的了解。因此，中国越是发展，国际影响力越是增强，越需要讲好自己的故事。只有把全面、立体、真实的情况介绍出去，才会产生共鸣，才会密切中国和各国的关系，才能更好地发挥中国作为一个大国的作用。

以前，中国在国际上的声音非常微弱。现在，中国需要向世界介绍新时代的中国，展现真实、立体、全面的中国，世界需要倾听中国的声音。作为世界第二大经济体，中国面临着对外讲好中国故事、传播中国理念、赢得国际社会理解的急迫任务，尤其是要解决好"会做不会说，说了人家也听不懂"的问题。

过去我们是在"翻译世界"，现在在继续"翻译世界"的同时，我们更加重视"翻译中国"

记者：《习近平谈治国理政》一书近年来陆续在国外出版发行，且发行量可观。在您看来，这本书能够得到国外读者的欢迎，原因在哪里？

黄友义：世界越是动荡，越是需要了解中国为什么能够长期持续稳定发展。随着中国经济的持续发展、成就的日益增多，国际社会对中国的关注度越来越高，各国执政党想了解中国共产党为什么能得到人民的拥护、能带领中国人民走向小康；各国商界想了解中国的政策和未来走向，从中找到自己在中国的发展机会，找到跟中国合作的渠道；各国学者研究中国，一个能让他们研究出成果的重要对象，就是中国领导人的讲话精神。

那么，这些外国人通过什么渠道来深入了解中国呢？很显然，了解中国，最好、最简洁的办法就是了解中国领导人在思考什么、在表达什么。

可以说，对中国各方面最权威的解说、对中国内政外交最精辟的解释，都在《习近平谈治国理政》这本书里。我觉得世界上需要了解的是一个真实的中国，把我们的发展历程告诉他们，把我们发展当中遇到的问题告诉他们，也要把我们的不足告诉他们。你读《习近平谈治国理政》就会发现，书里面提出了许多新思想、新观点、新论断，深刻回答了新时代条件下党和国家发展的重大理论和现实问题，集中展示了中共新一届领导集体的治国理念和执政方略，比如说党建的篇章当中，经济建设遇到新常态，这里边习近平总书记讲了什么叫新常态，面对新常态，我们怎么样制定新的发展理念等等。这些东西都非常鲜活，对中国人有用，对外国人也有借鉴价值。这本书在国外受欢迎，可以说是对中国发展成就的一种肯定和印证。

记者：新中国成立70年来，尤其是改革开放以来，中国经济文化取得显著发展，国家的综合实力、国际影响力显著提升。具体到中国外文局或者翻译界来说，有没有一些明显的变化或新的趋势？

黄友义：面对世界百年未有之大变局，外文局面临前所未有的发展机遇和变化。一是传播内容在变：习近平新时代中国特色社会主义思想的国际传播，让外文局的业务站到一个新的平台上；二是受众在变：从少数关心中国的专家学者到遍布五大洲、日益扩大且多样化的国际受众，让我们有了更广阔的传播中国的舞台；三是传播手段在变：多媒体、融媒体、新技术让我们有了更丰富的传播手段；四是传播形式在变：书刊本土化出版发行、主题论坛、书展影展活动、视频产品、课题研究、合作办书刊，使我们的传播形式更加多样化、国际化。我之前曾说过，过去我们是在"翻译世界"，现在在继续"翻译世界"的同时，我们更加重视"翻译中国"。改革开放的起步就是学习国外的先进文化、先进管理和先进技术。广大翻译工作者花费精力，把这些先进的国际知识展示给中国人，直接推动了中国经济社会的转型和发展。如今，中国成为世界第二大经济体，中国的影响力显著增强，国际社会对中国展现出日益浓厚的兴趣，满足他们的这一需求，就要依靠对外传播来完成。

这种变化是可喜的，因为这说明了中国走出去的步伐加快。但同时也给我们带来巨大的挑战，需要我们有更多的进步，没有一支强大的融通中外语言和文化的对外编译队伍，就不可能完成构建中国对外话语体系的重任。从事对外传播的记者和编辑人员必须了解外国受众的心理，了解到当前对外传播的意义，学会创新表达方式，让世界倾听到更多的中国声音。

要有说"全球话"的思维，才能把握国际话语权

记者：经过几代人的奋斗，当前我们解决了"挨打"问题、"挨饿"问题，但是"挨骂"问题还没有得到根本解决。所以现在我们越来越多地提出要建构自己的话语体系，掌握话语权。在您看来，我们应该如何提升中国话语国际影响力？

黄友义：现在的有利条件是世界愿意听到中国的声音，我们有了历史上最多的面对国际介绍中国的机会，也就是说不像过去那样被人家封闭。现在的挑战在于从心理到技巧我们是否具备了强大的构建中国国际话语体系的

能力。

构建中国话语体系，首先要了解什么是国际话语体系、特点是什么、流行的国际主流话语体系对我们有哪些有利的地方、有哪些不利的地方，特别是长期被西方把持的话语构建渠道给我们设置了哪些障碍、地雷、暗礁。对国际话语体系还需要深入研究，这是思维的问题。现在我们差的不是设备，我们差的是软件，是表达能力，是解说、讲述中国故事的讲述能力。要有说"全球话"的思维，才能把握国际话语权。我认为，这是构建中国对外话语体系面临的首要任务。

此外，我们还要明确，我们的优势在于我们悠久的文明、正确的道路和巨大的成就。但是，在国际上，中文还不是通用语言。构建中国的国际话语体系必须依靠外语。对于如何使用外语，特别是利用国际通行的英语来构建中国的国际话语体系，需要在数量和质量上提高对外传播队伍。

话语权是自己争取来的，不是别人送过来的。中国故事走不出去，我们的基本理念人家不知道，指望人家去宣传我们的思想成果是不可能的。所以我们要打通内外话语体系，我们要做到一讲话的时候我的问题就能回答70多亿人，而不是近14亿人的问题，那会儿我们就会形成一个完整的话语体系。

记者：中国发展取得的巨大成就以及对世界日益加深的影响，使越来越多的外国人开始关注中国的政策、中国的文化。中国文化博大精深，在对外传播中，我们应该怎样向世界介绍新时代的中国，让外国人更好地理解新时代的中国？中国外文局是如何向世界讲好中国故事，提升国际传播能力和水平的？

黄友义：应该努力让我们的国际传播更加精细化、分类化。外国受众有共性，但是又有不同的需求。我们首先要搞清楚针对哪些受众要说什么。对象搞清楚了，就能知道他们各自的兴趣点在哪里，思维习惯特点是什么。然后，用他们能看得懂、听得明白的语言介绍中国。

中国是国际大国，跟外国受众打交道，必须要设身处地了解受众的兴趣点，这样才能把话说到位，说到人家的心里去。中国文化的对外传播，目的是让外国人了解中国，拉近和中国文化的距离，最终能够比较客观地接受我们。

有的外国人说中国的作品不值得一看。怎么打破这个误解？就是能让他坐下来看你的故事。看了以后他会怎么想呢？噢，中国人的想法跟我们一样，同样有丰富的人生追求，中国人不是另类，并不可怕。我认为，在目前阶段，如果能让外国的普通读者得到这种印象，就是一个很好的效果。

　　长期以来，外文局高度重视了解自己的受众对象，各国各地、各个语言的受众对象有共性需求，但是又都有自己的兴趣点，他们之间有时需求差别很大。让自己的故事讲得接地气，这是我们长期追求的目标。尤其在翻译环节，我们坚决反对"一翻了之"的做法。作为外宣人，我们首先做好中国人，然后做好国际人，这样才能让我们所讲的中国故事具有国际接受能力。做到这一点，就是我们在说话下笔之前，先深刻思考，了解我们要表达的内容外国人需要吗？能理解吗？心里装着受众需求，我们的故事讲出来就吸引人，容易被人接受。

（记者：王雅婧；来源：《中国纪检监察报》
2019 年 10 月 14 日）

坚定"四个自信" 讲好中国故事

——访驻英国大使刘晓明

嘉宾简介

刘晓明，历任中华人民共和国驻美利坚合众国大使馆公使，驻阿拉伯埃及共和国特命全权大使，甘肃省省长助理，中央外事工作领导小组办公室副主任，驻朝鲜民主主义人民共和国特命全权大使。现任中华人民共和国驻大不列颠及北爱尔兰联合王国特命全权大使。

新中国成立以来特别是改革开放以来，经过艰辛探索和不断实践，中国坚定不移走和平发展道路，奉行互利共赢的开放战略，积极参与经济全球化进程，实现了由封闭半封闭到全方位开放的历史转变。中国正日益走近世界舞台中央，为人类发展进步作出越来越大的贡献。怎样看待中国发展对世界的意义？如何讲好中国故事？围绕这些问题，驻英国大使刘晓明进行了解读。

坚韧不拔的精神品质和天下为公的世界情怀，引领塑造中国外交独特风范

记者：今年 4 月，您曾在驻英国使馆举办习近平外交思想主题座谈会，并发表演讲《领悟东方智慧，读懂中国未来》。您是如何学习领会习近平外交思想的？

刘晓明：去年 6 月召开的中央外事工作会议确立了习近平外交思想的指导地位。通过深入学习领会，我深刻地认识到习近平外交思想是习近平新时代中国特色社会主义思想的重要组成部分，是中国外交理论建设的重要创新、重要突破和重要飞跃。

首先，是对中国外交理论和实践的系统凝练与总结。新中国成立以来，中国外交走过了波澜壮阔的辉煌历程，积累了宝贵的理论和实践经验。党的十八大以来，习近平总书记深刻洞察世情、国情，提出了一系列富有中国特色、体现时代精神、引领人类发展进步潮流的新理念新主张新倡议，引领我国对外工作取得历史性成就，中国国际

影响力显著提升。习近平外交思想以"十个坚持"为总体框架和核心要义,明确了新时代中国特色大国外交的历史使命、总目标和必须坚持的一系列方针原则,为新时代中国特色大国外交提供了根本遵循,指明了前进方向。

其次,是对中国文化和外交传统的继承与创新。对和平、和睦、和谐的追求深深植根于中华民族的血脉之中。无论是提出"和平共处五项原则"还是和平与发展仍是时代主题的战略判断,都秉持并传承着传统哲学中的"中国智慧"。习近平外交思想将中华优秀文化、外交优良传统和时代特征紧密结合,充分展现中华民族是爱好和平的民族,具有坚韧不拔的精神品质和天下为公的世界情怀,引领塑造中国外交独特风范。

再次,是对世界发展大势和中国角色的科学判断与定位。当今世界正处于大发展大变革大调整时期,中国应如何看待自己和世界?习近平外交思想给出了最好的答案,那就是用正确的历史观、大局观、角色观看中国、观世界,服务民族复兴,促进人类进步。中国不仅要让中国人民过上好日子,也要为维护世界和平与繁荣、促进各国人民共同利益与福祉做出更大贡献。无论中国发展到什么程度,都始终是世界和平的建设者、全球发展的贡献者、国际秩序的维护者。

历史发展、文明繁盛、人类进步,从来离不开先进思想的引领。习近平外交思想是新时代中国特色大国外交的"指南针"，将有力引领中国外交迈向新高度，进一步推动中国与世界同舟共济，携手并进，共创人类美好未来。

现在驻英国使馆全体人员正进一步深入学习贯彻习近平外交思想，结合"不忘初心、牢记使命"主题教育，增强"四个意识"，坚定"四个自信"，做到"两个维护"，加强思考和谋划如何进一步做好对外工作，推动中英关系发展行稳致远。

记者：新中国成立 70 年来，对外工作形成了很多优良传统和独特风范。您从事外交工作 40 多年，您认为新时代的中国外交应该如何继承发扬？

刘晓明：在外交工作中要处理好继承和创新的关系，重点要把握好以下三方面：坚持党的集中统一领导这一外交工作的根本政治保障。办好中国的事情，关键在中国共产党。这是中国人民在追求民族复兴进程中总结出来的宝贵经验，也是我们做好外交工作的最大优势。在错综复杂的国际形势下，必须坚持外交大权在党中央，坚持维护以习近平同志为核心的党中央权威和集中统一领导，确保令行禁止、步调统一。要加强对外工作的统筹协调，调动各方面力量共同参与和做好外交工作。

传承外交工作优良传统。新中国成立以来，中国外交坚定维护国家主权和领土完整，坚持国家不论大小强弱一律平等，坚持反对霸权主义、强权政治，坚持维护世界和平、促进共同发展。这些具有鲜明中国特色的外交思想和传统，始终是中国外交的"信条"，要在新的形势下继承和发扬。

展现新时代中国特色大国外交的崭新风貌。新时代我们要在弘扬外交优良传统的基础上，与时俱进，奋发有为，开拓创新，坚持推动构建人类命运共同体、建设新型国际关系，推动共建"一带一路"，打造全球伙伴关系，引领全球治理体系改革和建设，维护国家主权、安全、发展利益，不断开创外交工作新局面，努力为实现"两个一百年"奋斗目标、实现中华民族伟大复兴的中国梦营造良好外部环境。

中国始终做国际秩序的维护者，
不会走"国强必霸"的老路

记者：今年是新中国成立70周年。在中国共产党的领导下，中国发生了翻天覆地的变化。在您看来，中国发展对世界有着怎样的意义？

刘晓明：新中国成立70年来，中国共产党领导中国人民艰苦奋斗、开拓进取，中华民族迎来了从站起来、富起来到强起来的伟大飞跃。党的十八大以来，以习近平同志为核心的党中央团结带领全国各族人民，攻坚克难，砥砺奋进，推动党和国家事业发生历史性变革、取得历史性成就，中华民族伟大复兴展现出更加光明的前景。中国发展对世界的意义主要体现在四个方面：

为世界和平稳定贡献中国力量。作为联合国安理会常任理事国，中国肩负着维护世界和平的特殊责任。中国坚定不移走和平发展道路，同时也推动各国共同走和平发展道路。中国已成为联合国会费与维和经费第二大出资国，是安理会五常中派遣维和军事人员最多的国家，累计派出3.7万人次军警官兵参与维和行动，中国军舰连续10年在亚丁湾、索马里海域执行护航任务，先后保护了6000多艘船舶的安全。中国参与了当今几乎所有国际和地区热点问题的解决进程，在朝核、伊朗核、缅甸、阿富汗以及反恐等问题上展现大国担当。

为世界经济发展贡献中国动力。多年来，中国一直是世界经济增长的主要引擎之一。2008年国际金融危机席卷全球，中国经济仍保持强劲增长，成为稳定世界经济的压舱石，为世界经济复苏做出了不可替代的贡献。近年来中国对世界经济增长的贡献率达30%以上。作为最大的发展中国家，中国是发展中国家的真诚伙伴，几十年来中国在非洲建设学校和医院 300 余所，累计派遣医疗队员 2 万人次，医治患者逾 2 亿人次。作为世界第二大经济体和第一大贸易国，中国已是 120 多个国家和地区的最大贸易伙伴。预计未来 15 年，中国进口商品和服务将分别超过 30 万亿美元和 10 万亿美元，将为世界经济发展提供巨大机遇。

为完善全球治理体系贡献中国方案。中国积极参与全球治理体系改革和建设，加入了世界几乎所有重要政府间国际组织，签署了 300 多项国际公约，在全球治理体系中发挥着越来越重要的作用。当今世界正处于百年未有之大变局，站在重要的十字路口。中国坚持推动构建人类命运共同体、建设新型国际关系，推动"一带一路"国际合作，推动建设开放型世界经济，使世界更加和平、更加美好。中国不是要挑战或取代谁、不会走"国强必霸"的老路，始终做国际秩序的维护者。

为人类发展道路贡献中国智慧。中国之所以取得巨大发展成就，关键在于中国共产党领导全体中国人民，立足自身国情和发展实践，在不断探索中走出了一条适合中国国情的中国特色社会主义道路。中国特色社会主义不断发展，拓展了发展中国家走向现代化的途径，给世界上那些既渴望加快发展又希望保持自身独立性的国家和民族提供了全新选择。同时，我们愿同各国加强治国理政经验交流，相互借鉴发展经验，为人类探索更好发展道路做出积极贡献。

讲好中国故事，要坚定"四个自信"，
讲求方式方法，用好各类媒体平台

记者：中国外交高举和平、发展、合作、共赢的旗帜，全力服务实现"两个一百年"奋斗目标和中华民族伟大复兴的中国梦。但一些西方媒体一再炒作所谓"中国威胁论""锐实力"等。如何应对这些误读和曲解，怎样讲好中国故事？

刘晓明：近些年来，我国综合国力不断增强，国际影响力持续提升，但中国仍是世界上最大的发展中国家，发展最根本的目的是持续改善本国人民福祉。中国坚持走和平发展道路，无论发展到什么程度，永远不称霸，永远不搞扩张，始终坚持与不同文明相互尊重、与世界各国和平共处、与国际社会合作共赢。

我们生活在彼此相互依存、利益紧密交融的全球化时代，早已形成你中有我、我中有你、前途命运休戚与共的共同体。但世界上仍有一股势力，特别是在西方，他们逆潮流而动，执意用过时的冷战和零和思维看待别人和世

界，渲染所谓"中国威胁论"和"锐实力"。

中国从来不威胁别国，对搞"干涉""渗透"也不感兴趣。但长期以来，西方利用其发达的媒体，把持国际舆论话语权。要打破西方垄断，让世界听到中国声音，看到一个真实的中国，仍任重道远。

正如习近平总书记所说，我们党带领人民就是要不断解决"挨打""挨饿""挨骂"这三大问题。经过几代人不懈奋斗，前两个问题基本得到解决，但"挨骂"问题还没有得到根本解决。争取国际话语权是我们必须解决好的一个重大问题。

英国凭借几百年积淀和英语语言优势，加上众多世界级媒体，成为全球"舆论中心"之一。驻英国使馆身处外交一线，讲好中国故事责无旁贷。我出任驻英大使以来，足迹遍及英国各地，每到一地都发表演讲。9年多来共演讲600多场，在英国主流报刊撰文80多篇，接受英国各大电视台、电台采访30多次，被英国舆论界和外交界誉为上镜最多、被媒体引用最多的驻英使节。

今年以来，香港局势受到国际舆论高度关注，我在使馆举行了两场中外记者会，4次上英国电视台接受直播专访，并通过发表演讲、撰文等多种形式直面媒体，摆事实讲道理，深入阐述中国政府的方针政策，坚决回击各种歪曲抹黑，坚定维护国家主权、安全和发展利益。

　　讲好中国故事，首先要坚定"四个自信"，要敢于斗争、善于斗争，理直气壮引导国际社会正确看待中国特色社会主义道路、发展成就和发展前景；要讲求方式方法，用当地民众熟悉的语言讲中国故事，这样才能让人"听得到、听得懂、听得进、听而信"；要用好各类媒体平台，既包括报纸、广播、电视等传统媒体，也包括网络视频、博客、播客等新媒体以及脸书、推特等社交媒体。要多发声、广发声，还要早发声、先发声，让更多的西方民众及时听到中国声音，看到中国形象。

（记者：姜永斌；来源：《中国纪检监察报》

2019 年 9 月 2 日）

责任编辑：刘敬文

封面设计：汪　莹

图书在版编目（CIP）数据

中国自信大家谈／中国纪检监察报新时代周刊 编 . —北京：
人民出版社，2020.6

ISBN 978－7－01－022026－0

I.①中…　II.①中…　III.①社会主义建设模式－中国－学习
参考资料　IV.① D616

中国版本图书馆 CIP 数据核字（2020）第 060987 号

中国自信大家谈

ZHONGGUO ZIXIN DAJIATAN

中国纪检监察报新时代周刊　编

人民出版社 出版发行

（100706　北京市东城区隆福寺街 99 号）

山东韵杰文化科技有限公司印刷　新华书店经销

2020 年 6 月第 1 版　2020 年 6 月北京第 1 次印刷

开本：880 毫米 ×1230 毫米 1/32　印张：5.375

字数：94 千字

ISBN 978－7－01－022026－0　定价：35.00 元

邮购地址 100706　北京市东城区隆福寺街 99 号

人民东方图书销售中心　电话（010）65250042　65289539